Walter Blasy • Henkersmahlzeit

Walter Blasy

# Henkersmahlzeit

Kriegsbericht eines Fliegers 1939-1947.

FRIELING

Die Deutsche Bibliothek – CIP-Einheitsaufnahme
**Blasy, Walter:**
Henkersmahlzeit: Kriegsbericht eines Fliegers 1939-47 /
Walter Blasy . – Orig.-Ausg., 1. Aufl. – Berlin: Frieling, 1995
(Frieling-Erinnerungen)
ISBN 3-89009-914-9

© Frieling & Partner GmbH Berlin
Hünefeldzeile 18, D-12247 Berlin-Steglitz
Telefon: 0 30 / 7 74 20 11

ISBN 3-89009-914-9
1. Auflage 1995
Titelfoto: Walter Blasy
Sämtliche Rechte vorbehalten
Printed in Germany

# Inhaltsverzeichnis:

| | |
|---|---|
| Vorwort | 7 |
| So fing es an, das Heldenstück Krieg | 13 |
| Die Luftschlacht über England | 24 |
| Die Balkankrise | 38 |
| Die Schlacht um Kreta | 54 |
| Torgau | 70 |
| Das Bewährungsbataillon | 105 |
| Der Endsieg | 126 |
| Der Fragebogen | 140 |

*Exegi mounmentum aere perennius.*

*Ovid*

# Vorwort

Von vielen Zeitgenossen, auch wohlmeinenden Nichtdeutschen und von unserer jungen Generation wird immer wieder die Frage gestellt: wie konnte ein Volk „der Dichter und Denker", also eine kultivierte Nation einem Adolf Hitler geradezu blind vertrauen und folgen, wie konnte es einen Zweiten Weltkrieg führen und in diesen 12 Jahren Hitler-Herrschaft schreckenerregende Greuel geschehen lassen?

Ich möchte den Versuch machen, diese berechtigte Frage aus der Sicht jener Zeit und an Hand meiner tatsächlichen Erlebnisse wenn schon nicht beantworten, so doch wenigstens zur Diskussion stellen.

Ich bin geboren 1915, also im 1. Weltkrieg. Eine meiner ersten Kindheitserinnerungen war der Anblick der aus diesem Krieg heimgekehrten verdreckten, unordentlichen und lautstarken Soldaten, die gegenüber unserer Wohnung in Immenstadt/Allgäu ausgemustert und entlassen wurden. Ihr Anblick stieß mich ab und erfüllte meine kindliche Phantasie mit Schreckbildern.

Ehe ich in das Hum. Gymnasium St. Stephan in Augsburg kam, erhielt ich von einem Lehrer Löchle Unterricht in deutscher Grammatik, weil unsere Volksschullehrerin Mittel zwar sehr gut wacklige Milchzähne ziehen, d.h. ausbrechen konnte (im Unterricht!), aber sonst auf unsere Bildung recht wenig Mühe verwandte. Sie war wegen des kriegsbedingten Mangels an Lehrern nur eine Aushilfskraft. Löchle war im Krieg Leutnant gewesen, hatte eine Beinprothese und war ein ruhiger, liebenswerter Mann, der mir neben Satzbau das erste Wissen über Tiere, insbesondere über die auf seinem Balkon massenhaft gefütterten Wintervögel, vermittelte. Die dadurch wohl begründete Liebe zur Natur hat mich mein Leben lang erfüllt. Er konnte auch sehr gut zeichnen und in seinem Studierzimmer standen allerlei Kriegserinnerungen herum, Aschenbecher aus Artilleriekartuschen und Granaten ohne Zünder, vor denen ich mich fürchtete. Nur selten kam er auf seine Kriegserlebnisse zu sprechen, und wenn, dann bedauerte er den Verlust des Krieges, die Sinnlosigkeit der großen Opfer und die Härte des Versailler Friedensvertrages, der uns dann letztlich die Inflation und damit den Verlust generationenlang vorhandener Vermögen brachte – auch meiner Familie. Ich erinnere mich, daß ich von meiner Mutter damals einen 5-Billionen-Reichsmarkschein auf den Schulausflug mitbekam, um mir ein Kracherl (Limonade) kaufen zu können.

Löchle war „nur" Reserve-Leutnant gewesen und hatte nach dem Krieg wieder seinen zivilen Beruf als Lehrer. Aber viele Tausende junger Offiziere, vor allem solche, die von der Schulbank weg eingezogen worden waren, standen nach dem Friedensschluß vor dem Nichts, ohne Beruf, ohne Vermögen, viele durch die grauenhaften Fronterlebnisse im Tiefsten verändert und geschädigt. Die meisten konnten sich nicht dazu entschließen, so spät noch einen Beruf zu erlernen oder zu studieren. Sie blieben unausgebildet und wurden Vertreter, bauten Hühnerfarmen auf (nach damaliger primitiver Art) oder gingen als Angestellte in ein Büro. Nur wenige konnten in die kleine 100.000-Mann-Reichswehr übernommen werden. Sie alle waren davon angetan, wieder Soldat zu werden, als Hitler eine große Wehrmacht aufbaute, die dringend fronterfahrene Offiziere benötigte und Kriegsteilnehmer nur zu gern reaktivierte. Aus diesem Menschenreservoir stammten übrigens aus den gleichen Gründen viele Parteifunktionäre der NSDAP.

Im Verlauf meiner mehr oder weniger glorreichen Gymnasialzeit hatten wir immer wieder Professoren, die – meist im Weltkrieg Reserveoffiziere – betont national dachten, uns in diesem Sinn beeinflußten und bei den monatlichen Klassenausflügen gelegentlich militärähnlich aufgezogene Geländegänge übten – sie waren aber höchst harmlos und unterschieden sich nur wenig von unseren Indianerspielen. – Als Hitler 1933 die Macht übernommen hatte, änderte sich zunächst in unserer kleinen Musenstadt Lohr a.M. wenig. Die vorher erschreckend langen Reihen der Arbeitslosen (6 Millionen im Reichsgebiet!) vor dem Arbeitsamt wurden schneller kürzer und verschwanden bald ganz. Der Arbeitsdienst wurde – zunächst freiwillig – eingeführt und allgemein als vernünftig empfunden. Auf allen Gebieten der Wirtschaft ging es aufwärts. Daß dies vor allem auch durch die Aufrüstung begründet war, konnte zunächst jedem Bürger gleichgültig sein. Die Brüning'schen Notverordnungen wurden aufgehoben, für junge Familien und Studenten finanzielle Erleichterungen geschaffen. Diese ganze Entwicklung hatte natürlich eine gewaltige emotionale Wirkung. Man war auch stolz darauf, daß das im Versailler Vertrag festgeschriebene 100.000-Mann-Heer, die Reichswehr, durch allerlei Schliche heimlich vermehrt wurde, und als dann Hitler die Wehrhoheit mit der Allg. Wehrpflicht wieder einführte, war die nationale Befriedigung allgemein. Diese Entwicklung muß man berücksichtigen, wenn man die Frage stellt:

„Wie konnte man ...?".

Aber auf einmal mußten wir Primaner unsere „nationale Zuverlässigkeit" nachweisen, wenn wir das Abitur machen wollten. Dieser Nachweis setzte die Mitgliedschaft in einer Organisation wie SA, NSKK oder SS voraus. Dazu muß man bemerken, daß diese SS nicht mit der späteren Waffen-SS identisch ist, sondern eine Parteiformation wie die SA war.

Hitler hatte in seinen Wahlreden immer wieder gefordert: „Gebt mir 4 Jahre Zeit!" Na, warum auch nicht? Sollte er doch zeigen, ob er die Wirtschaft wieder zum Laufen bringen konnte! Die zunächst vielerorts bestehende Hemmung wurde durch die Propaganda aufgehoben, die auf wissenschaftlichen Kenntnissen über Massenbeeinflussung aufbaute. Das „Führerprinzip" enthob jeden Bürger der schweren Arbeit, selbst denken zu müssen. Seine Schlagworte „Marxismus", „Versailler

Vertrag", „Kriegsschuldlüge", „Soziale Ungerechtigkeit", „Dolchstoßlegende" – wem ging das nicht ein wie Öl auf der Zunge? Dann der „Deutsche Gruß"! Noch niemals hatte es ein Mensch gewagt, seinen Namen zum Gruß von einem zum anderen Mitmenschen zu machen, nicht einmal die Römischen Kaiser. Noch nie war eine National-Flagge so durchdacht erfunden worden wie die Hakenkreuzfahne vielleicht mit Ausnahme der japanischen.

Neu, und zunächst leider nicht ernst genommen, war auch die Rassenfrage, der Antisemitismus und das Ariertum. Der Exponent des Antisemitismus, Julius Streicher, Gauleiter in Nürnberg, gab zwar das Revolverblatt „Der Stürmer" heraus, der aber so übertriebene und geschmacklose Greuelgeschichten über Juden brachte („Jüdischer Hausierer beißt deutschen Schäferhund"), daß jeder normale Bürger angeekelt war. Niemand hatte damals auch nur ahnen können, daß die Drohungen Streichers einmal vertuschte, aber blutige Wirklichkeit werden könnten.

Ich ging mit meinen Freunden zum NSKK (NS-Kraftfahrkorps), weil dort nur wenig Dienst verlangt wurde. Kraftfahrer waren schon damals eine „gehobene Klasse"! Dieses Soldat-Spielen in braunen Uniformen ging uns zwar sehr gegen den Strich, vor allem auch, weil unsere persönliche Freiheit durch Appelle und Übungen etwas eingeschränkt wurde. Man drückte sich so oft als möglich, mußte aber pro forma mitmachen oder – wenigstens vermeintlich – auf ein Studium verzichten.

Die Meinung sehr vieler früherer politischer Gegner Hitlers war, daß, wenn er schon nicht mehr als politische Macht auszuschalten war, seine Partei, die NSDAP, durch massenhaften Eintritt Gutwilliger in eine gemäßigte Richtung gebracht werden könnte. Die Öffnung der zunächst nach der Machtübernahme geschlossenen Partei für Neulinge im März 1933 gab dazu die Gelegenheit. Der sog. Märzveilchen waren es nicht wenige.

Es wäre unwahrhaftig, bestreiten zu wollen, daß uns die in's Auge springenden Erfolge Hitlers: die Besetzung des Rheinlandes durch die Wehrmacht, der Aufbau einer neuen Luftwaffe, der politische Sieg in München mit der anschließenden Vereinnahmung des Sudetenlandes und schließlich der – auch von den Österreichern vielbejubelte – Anschluß Österreichs an das nunmehrige „Großdeutsche Reich", uns nicht stolz auf die Deutsche Nation gemacht hätten. Da z.B. nach der Besetzung des Rheinlandes die Briten erklärt hatten: „Warum sollen sie nicht in ihrem eigenen Vorgarten spazierengehen?" und die Konferenz in München – wenigstens zunächst – so friedlich wie erfolgreich abgelaufen war, sah man getrost in die Zukunft. Auch zahlreiche nichtdeutsche Politiker erkannten die Erfolge Hitlers an oder taten jedenfalls nichts dagegen, daß der „Führer" mit kalter Stirn laufend den Versailler Vertrag gebrochen und diesen hämisch „zerrissen" hatte.

Dann kam aber sehr schnell die Maßlosigkeit des Diktators zum Tragen – als es für jedes Einlenken oder zu einem politischen Widerstand zu spät war. Die Machenschaften an der Grenze Polens, die zum Anlaß des Krieges genommen wurden, führten unweigerlich zum 2. Weltkrieg.

Dieser lange und grauenhafte Krieg wurde zum Schlüsselerlebnis für eine ganze Generation, das nicht verdrängt werden kann und soll. Nach Jahrzehnten des Vergessenwollens fing ich an, zur Bestätigung meiner Kriegserlebnisse einschlägige Dokumente zu studieren. Vor allem die Memoiren W. Churchills waren mir eine Fundgrube für den tatsächlichen Verlauf des Krieges. Man darf bei der Betrachtung der Ereignisse aber vor allem nicht die zeitliche Reihenfolge der Dinge übersehen und die Folgen, die aus jedem neuen Überfall unweigerlich kommen mußten und schließlich zum Untergang des „Großdeutschen Reiches" führten. Dieselbe Folgerichtigkeit galt aber nicht nur für die Angriffe Hitlers, sondern z.B. für den Überfall Japans auf die amerikanische Pazifik-Flotte in Pearl Harbour am 07.12.41, der zum Kriegseintritt der USA gegen die Dreierpaktmächte und damit auch gegen Deutschland führte. Churchill begriff das sofort und zu derselben Zeit, in der in Japan und in Deutschland die gelungene Vernichtung der amerikanischen Pazifik-Flotte als großer Sieg gefeiert wurde, schlief Churchill „dankbar den Schlaf des Gerechten" (seine Worte), weil er wußte, daß mit den USA an seiner Seite der Sieg über Deutschland und Japan gesichert war.

Im nachhinein kann man leicht verurteilen. Wenn man aber der Entwicklung gerecht werden will, muß man das damalige Wissen, oder besser gesagt, das Nichtwissen bedenken. Nicht umsonst schuf Hitler ein Ministerium für Volksaufklärung und Propaganda, das er mit dem körperlich lächerlichen, aber äußerst redegewandten Dr. Goebbels besetzte, der mit Erfolg die wahre Volksaufklärung verhinderte, indem er brutale Zensur für alle Veröffentlichungen und die damals entstehenden Massenmedien praktizierte. Goebbels war wohl einer der genialsten Lügner aller Zeiten.

Dregger sagte zur damaligen Entwicklung am Volkstrauertag 1986: „Bedrückend sei die Frage, ob es nicht gerade die Tapferkeit der deutschen Soldaten gewesen sei, die es Hitler ermöglicht habe, während des Krieges schreckliche Massenmorde zu verüben. Die ehemaligen Soldaten hätten sich nach dem Kriege diese Frage mit Entsetzen gestellt, je mehr sie erfuhren, was hinter ihrem Rücken geschehen sei".

Daß man in unterer und unterster Position, gewissermaßen aus der Froschperspektive, gelegentlich einen Blick in das Lügengewebe tun konnte, gegen das man als Einzelner völlig machtlos war, soll das Folgende zeigen.

# So fing es an,
# das „Heldenstück Krieg":

Kann ein Krieg ausbrechen? Ausbrechen wie ein Vulkan quasi als Naturereignis, gegen das der Mensch machtlos ist? Ausbrechen wie ein blutdürstiger Tiger aus seinem Käfig, um Unheil zu stiften! Zu dieser bequemen Redewendung muß man ganz energisch „Nein!" sagen. Kriege brechen nicht aus, sie werden mit Vorbedacht und nach ausgearbeiteten Plänen und genau berechneter Logistik begonnen, früher nach offiziellen Kriegserklärungen, heute wohl nur noch ohne Vorwarnung als Überfall auf das Opfer. Und sie werden politisch vorbereitet und redigiert.

So hatte auch Hitler gehandelt aus Machtgier, getarnt mit der Absicht, dem deutschen Volk mehr Lebensraum zu schaffen. Dieses „Volk ohne Raum" hatte ihn aber nicht von einer höchst intensiven Bevölkerungspolitik abgehalten.

Die Kriegsmaschine wurde präzise mit deutscher Gründlichkeit in Gang gesetzt: zunächst wurde das bisherige Militärdienstpflichtjahr auf 2 Jahre verlängert, um sich bei Kriegsbeginn auf ein sofort verfügbares, verdoppeltes Menschen-"Material" (welch' schönes Wort für das Ebenbild Gottes) stützen zu können. Dann wurden Reservisten schon vor Beginn des Überfalles auf Polen zu „Übungen" einberufen. Dieser „Ruf" erreichte auch mich in den Sommerferien 1939 am Wörthersee in Kärnten, wo ich mit anderen Kommilitonen aus der „BoKu" Wien (Hochschule für Bodenkultur Wien) einen pflanzensoziologischen Kurs bei Prof. Aichinger mitmachte. Prof. Aichinger war menschlich und wissenschaftlich ein ungewöhnlicher Mensch: wir Studenten schätzten ihn besonders auch wegen seiner kameradschaftlichen Art und Weise, wie er mit uns sprach und gerade bei diesem mehrtägigen Kurs in den Karawanken bei abendlichen Schoppen mit sang und plauderte. Er selbst trank übrigens niemals Alkohol und imponierte uns mit seinem bergsteigerischen Können und seiner Sportlichkeit. Um sich fit zu halten, betrat und verließ er z.B. grundsätzlich seine Wohnung im 1. Stock nur über ein Bergsteigerseil, das er am Fensterkreuz angebunden hatte. Er war wohl einer der ersten deutschen Pflanzensoziologen und hat es verstanden, uns in seinen botanischen Vorlesungen neben der unvermeidlichen Morphologie der Pflanzen vor allem auch die Veränderungen innerhalb der Pflanzengesellschaften nahezubringen, die zu endgültigen Lebensgemeinschaften und zur Evolution der Pflanzen führen. Da ich vor meinem forstlichen Studium bei der Luftwaffe zum Fliegenden Personal gehört hatte, war diese frühzeitige Einberufung nicht überraschend. Ich mußte mich als Oberfähnrich der Reserve (später stellte sich heraus, daß es einen solchen Dienstgrad überhaupt nicht gab) im Fliegerhorst Eschwege melden, wo wir Reservisten einige Zeit gammelten und außer gelegentlichen militärischen Unterrichtsstunden und einigen wenigen Übungsflügen nichts taten. Das Militär geht seit jeher mit der wertvollen Zeit seiner Soldaten verschwenderisch um, das Wort „die Hälfte seines Lebens wartet der Soldat vergebens!" ist leider nur zu wahr.

Einberufungen „zu den Fahnen" und Gestellungsbefehle sind schon immer meist folgenschwere Vorgänge gewesen, von den zwangsweisen Rekrutierungen früherer Potentaten, die ihre auf solche Weise ausgehobenen Soldaten als Söldner an fremde, kriegsführende Mächte verkauften und sich dafür prunkvolle Schlösser bauten über das Kidnapping von Matrosen für die Royal Navy bis in die neuere Zeit. Der kürzeste und markanteste Gestellungsbefehl war wohl der des Südtiroler Freiheitskämpfers und Bauernhauptmanns Andreas Hofer mit den Worten „Mannder, es isch an der Ziet!" Aber auch diese vaterländische Tat führte zwar zunächst zum Sieg der Tiroler Bauern über die französische und bayerische Besatzungsmacht am Berg Isel, brachte aber dann dem Sandelwirt nach Verrat den Tod durch ein

Erschießungskommando in Mantua. – Das Volkslied „Zu Mantua in Banden der treue Hofer lag" war ein Lieblingslied des Bürgermeisters Bauer in Aschau i.Ch. und hatte hier eine umwerfende, zusätzliche Bedeutung: kam der Bürgermeister nach feuchtfröhlichen Sitzungen besonders spät nach Hause, so sperrte ihn seine Frau aus dem Schlafzimmer aus, und er mußte im Keller auf einem Kanapee schlafen. Wurde ihm das zu dumm, so sang er mit lauter Stimme im Keller das Andreas-Hofer-Lied. Spätestens bei der letzten Strophe mit dem Endtext „Mei liabe Frau (Hl. Maria) i bitt', vergiß den Hofer nit!" schmolz das Herz der Ehefrau und sie öffnete unter Tränen der Rührung die verschlossene Tür zum Ehegemach. Übrigens wurde dieses Lied auf Wunsch des Bürgermeisters bei dessen Beerdigung am offenen Grab gesungen, so war es ihm an's Herz gewachsen.

Einer der bemerkenswertesten Einberufungsbefehle war sicher der des Kaisers von Äthiopien, des Negus Haile Selassie beim Überfall der Italiener auf Äthiopien 1936. Er lautete (übersetzt):

> Jedermann wird nun mobilisiert und alle Jünglinge, die alt genug sind, einen Speer zu tragen, werden nach Addis Abeba geschickt. Verheiratete Männer nehmen ihre Frauen zum Tragen der Lebensmittel und zum Kochen mit. Wer keine Frau hat, nimmt eine beliebige Unverheiratete.
> Frauen mit kleinen Kindern sind ausgenommen. Blinde und Personen, die nicht gehen oder aus irgendeinem Grund keinen Speer tragen können, sind befreit. Wer nach dem Empfang dieses Befehls noch zu Hause angetroffen wird, wird gehenkt.
>
> Der Kaiser
> Haile Selassie

Man kann sich in etwa vorstellen, welches Blutbad die modernen Waffen der Armee von Mussolini unter den todesmutigen, mit Speeren bewaffneten Äthiopiern anrichteten, trotz der von den Frauen nachgetragenen Verpflegung. Ein echtes Trauerspiel!

Bei meiner Einberufungsfahrt aus Kärnten nach Eschwege besuchte ich meine in Aschaffenburg lebende Familie. Am Güterbahnhof beobachtete ich das Verladen und Abfahren der ersten Truppen in Richtung Polen. Von Kriegsbegeisterung war nichts zu spüren. Im Gegensatz zu den „Blumenfeldzügen" Rheinland, Österreich und Sudetenland spürte jeder, daß es nun zu einem richtigen Krieg kommen werde und die nicht vergessenen Erlebnisse im 1. Weltkrieg standen vor aller Augen. 1914 taumelten die Völker in den Krieg, mit Fahnen, Musik und blumenbekränzt marschierten die eingezogenen Soldaten an die Front. „Siegreich wollen wir Frankreich schlagen, sterben als ein tapferer Held!" war das meistgesungene Marschlied. Gemusterte Freiwillige, die als nicht kriegstauglich befunden worden waren, kehrten mit Tränen in den Augen über diese „Schande" in ihre sie verachtenden Familien zurück – allerdings nur am Anfang des „reinigenden Stahlgewitters", das sich innerhalb der 4 Jahre Krieg in einen Sumpf von Rohheit, Provitgier, Drückebergerei und elender moralischer und materieller Not mauserte.

Die Stimmung der Bevölkerung 1939 war den aufrüttelnden Reden Hitlers und Goebbels zum Trotz sehr gedrückt, man ahnte in etwa, was bevorstand, wenn man auch die lange Dauer des Krieges, seine Eskalation und das millionenfache Morden auf beiden Seiten nicht absehen konnte.

Die Kriegspropaganda vor dem Krieg und während dessen ist schon von jeher ein wichtiges Mittel der Kriegsführung gewesen. Die Kriegspropaganda muß aber, um Erfolg zu haben, auf überlegene psychologische Fähigkeiten gebaut sein. Hier waren die Engländer selbst dem Lügenmeister Goebbels überlegen.

Churchill hatte schon 1940 ein Gespür für die Eskalation des Krieges und versprach seinem Volk „nichts außer Blut, Mühsal und Tränen", zu einer Zeit also, als Hitler vom sicheren glorreichen Sieg faselte. Die Propaganda richtete sich dabei einerseits an das eigene Volk zur Erweckung von Haßgefühlen gegenüber dem „Feind" (Feindbild), Haßgefühle, die an sich einem Kulturvolk fremd sind, als auch darauf, das Volk von der Gerechtigkeit seiner Sache und von den süßen Früchten des Sieges zu überzeugen. Im Ganzen gesehen soll eine Verrohung der Soldaten, eine brutale Kriegsführung, ein Hinunterdrücken auf eine primitive Kulturstufe (Freud) erreicht werden auch mit dem Ziel, dieselbe Brutalität auch beim Feind zu erwecken, damit ein Überlaufen oder Sichergeben erschwert oder unmöglich wird. Dieses Zurücksinken in urmenschliche Instinkte muß unausweichlich ein schwerer Schaden für die Seele der Völker sein. Die Vernichtung von gefangenen Partisanen, das Lynchen und Hinrichten von etwa 133.000 Deutschen und Kollaborateuren allein in Frankreich nach der Befreiung, die Städtebombadierungen sind Beweise für die „Erfolge" der Haßpropaganda (zum Vergleich: in der blutrünstigen franz. Revolution 1789 wurden „nur" ca. 17.000 durch die Guillotine exekutiert).

In derselben Zeit, als ich in Eschwege notgedrungen gammelte, war mein älterer Bruder Pit als Fw. d.R. (Feldwebel der Reserve) zu seiner Einheit auf den Truppenübungsplatz Wildflecken in der Rhön einberufen worden. Wie üblich, wurde einmal eine Nachtübung angesetzt, und wie ebenfalls üblich kannte sich nach einigen Stunden kein Mensch mehr aus, wo vorn und hinten war. Mein Bruder ließ seinen Zug Infanterie halten, um sich auf einer nahen Anhöhe zu orientieren. Er stieg den Hügel hinauf und traf auf 3 Vaterlandsverteidiger, die genau nach Dienstvorschrift mit dem Gewehr auf dem linken Unterarm, Blick geradeaus dort als Posten lagen. Mein Bruder rief sie an, zu welcher Kompanie sie gehörten, bekam aber keine Antwort. Als er dann zu ihnen ging, einen an der Schulter schüttelte und seine Frage wiederholte, stand dieser wortlos auf, legte sein Gewehr auf das Koppelschloss meines Bruders und zog ab. Wenn das Geschoß auch nur eine Übungs-Holzpatrone war, so war doch die Verwundung durch den Schuß fürchterlich. Mein Bruder fiel sofort um, worauf die 3 Tapferen davonliefen und Pit liegen ließen. Dieser konnte nur noch seinen Bauch zuhalten und weder rufen noch sich bewegen. Und dann trat – wie immer und wie „gut", daß es diese gibt! – die HDV (Heeresdienstvorschrift) in Kraft, der dienstälteste Unteroffizier übernahm das Kommando über den Zug und führte diesen in die Lagerunterkunft zurück. Er meldete nichts, vom Schuß hatte er keine Kenntnis und erst beim Appell am nächsten Vormittag fiel das Fehlen des Fw. Blasy auf. Nach längerem Suchen fand man ihn in seinem Blut liegend und brachte ihn in das Res. Feldlazarett Fulda, wo ihn die Militärärzte begutachteten, offenbar als „unreparabel" einstuften und ihn auf dem Krankenbett im Gang abstellten, nachdem sie ihn mit einem Leintuch abgedeckt hatten.

Wie das Schicksal spielt: genau an diesem Tag traf im Lazarett Fulda der Generalarzt aus Berlin ein, der dieses Lazarett nach Kriegsbeginn führen sollte. Dieser Professor ging durch die Räume, kam an meinem Bruder vorbei und fragte seine Begleiter, wer das sei. Die Antwort war, daß ein Holzgeschoß die Leber zerfetzt habe und eine Rettung nicht mehr möglich erscheine. Nun war dieser Professor der Mediziner, der n.m.W. als erster Leberoperationen mit glühenden Drähten erfunden hatte. Er operierte meinen Bruder sofort, der einen Schnitt vom Brustbein bis zum Unterleib bekam, vor allem auch, um das Leibesinnere von den am Rückgrat zersprungenen Holzsplittern, Uniformfetzen und Pulverschleim zu säubern.

Ich erfuhr erst nach Tagen über meine Eltern von diesem Schicksal meines Bruders und konnte ihn dann in Fulda besuchen. Aus seinem Bauch liefen 5 oder 6 Gummischläuche, die in ein größeres Gefäß unter dem Bett mündeten, in dem sich literweise Eiter und Körperflüssigkeit gesammelt hatten. Peter war trotz allem guter Laune – wie immer in seinem Leben.

Das war die Ouvertüre zum „Heldenstück" für unsere Familie.

Wie durch ein Wunder überstand mein Bruder diese schwere Verwundung. Er mußte allerdings jahrelang ein breites Korselett tragen und durfte auf keinen Fall stürzen wegen der Labilität der riesigen Bauchnarbe, die aussah wie ein Tausendfüßler. Er war natürlich für die ganze Kriegsdauer nicht mehr k.v. (kriegsverwendungsfähig), gegen Ende des Krieges bestand sein Kriegseinsatz darin, die Löschweiher der Stadt Aschaffenburg auf Algenbesatz zu kontrollieren. Wahrscheinlich hat ihm die frühzeitige Verwundung das Leben gerettet.

In diesen Tagen lief dann der Angriff auf Polen und die Besetzung dieses Landes mit militärischer Präzision ab. Die Perfektion der deutschen Kriegsmaschine und die Schnelligkeit des Sieges über Polen war sogar für Hitler überraschend.

Da kam für alle recht unerwartet der Kuhhandel Hitler-Stalin zustande bzw. wurde erst in vollem Umfang bekannt, bei dem der UDSSR die polnische Ukraine mit Lemberg zugestanden wurde. Diese Absprache mit Stalin, der als Gegenleistung große Weizenmengen und andere kriegswichtige Materialien an das Deutsche Reich lieferte (die letzten derartigen Güterzüge liefen noch wenige Stunden vor dem deutschen Angriff auf Rußland 1941 westwärts über die Grenze), waren offenbar auch den Kommandeuren der deutschen Truppen nicht bekannt: mein jüngerer Bruder Helmut war als Wehrpflichtsoldat im 2. Jahr und Gefreiter in der 14. Gebirgsjägerkompanie Mittenwald schon vom 1. Tag des Krieges im südlichen Polen im Einsatz und ohne allzu blutige Kämpfe in Lemberg eingerückt. Die Gebirgsjäger mußten sich nun aus dem schon eroberten Lemberg wieder zurückziehen und sich nach Westen absetzen. Militärische Kämpfe waren kaum noch im Gange, nur gelegentliche Artillerieeinschläge unbekannter Herkunft waren zu beobachten und als mein Bruder, der in seiner Pak-Kompanie (Panzerabwehr-Kp.) einen Kübelwagen mit Munitionsanhänger fuhr, nichtsahnend über eine Straßenkreuzung fuhr, traf eine solche Granate den Anhänger, so daß die Munition detonierte und das Gespann mit den aufgesessenen 4 Soldaten restlos zerstörte. Die nachfolgenden Kameraden fanden fast nichts mehr, weder von den Menschen noch vom Material. Das geschah am 14. Sept. 1939.

Diese 2. Schreckensnachricht traf meine Eltern und uns Geschwister schwer. Helmut war der 1. Gefallene der Stadt Aschaffenburg, dem damaligen Wohnsitz meiner Familie.

Ich selbst lag in dieser Zeit immer noch „in Reserve" in Eschwege und wurde erst im Februar 40 zum Bombengeschwader K.G. 27 nach Handorf versetzt, das dort bis zum Beginn des Frankreichfeldzuges in Untätigkeit verharrte.

An diese Zeit erinnere ich mich mit gemischten Gefühlen. Die fast ausschließlich norddeutschen „Kameraden" im Offizierskorps, zu dem ich als Oberfähnrich zählte, verbrachten die langen Abende meist mit Saufen im Kasino, woran ich wenig Gefallen finden konnte. Es fehlte jede Anregung zu vernünftigem Tun, etwa durch Literatur oder Musik. So oft es möglich war, sonderte ich mich ab und machte in der Freizeit mit einem Fahrrad Ausflüge in das schöne Sauerland und nach Münster i.W.

Endlich kam wieder Bewegung in diese Zwangspause: im Mai 1940 begann der Westfeldzug gegen Frankreich. Wir wurden nach Laupheim in Schwaben verlegt und flogen von dort mehrere Bombeneinsätze nach Frankreich. Unsere He 111-Bomber wurden damals – jedenfalls in der ersten Zeit – noch mit einer Vielzahl von 10 kg-Splitterbomben beladen, was uns gar nicht gefiel, weil diese Bomben Aufschlagzünder hatten und bei Herausfallen oder hartem Stoß beim Beladen explodierten. Dies geschah mit entsprechenden Folgen tatsächlich einige Male, wenn auch nicht in meiner 3. Staffel.

Mit Entsetzen erinnere ich mich an einen Einsatzbefehl vom 19.5.40, nach dem wir die aus dem Raum Paris nach Südwesten fliehenden französischen Truppen bombardieren mußten. Diese Marschkolonnen waren aber dicht gemischt mit ebenfalls fliehenden Zivilistenmassen, die sich wie ein Heerwurm mit Fahrzeugen aller Art vom Lastwagen bis zum Kinderwagen auf dieser kerzengeraden Straße fortwälzten. Da wir relativ niedrig flogen, konnte ich die Vorgänge gut beobachten. Wir mußten in diese Menschenmenge unsere Bomben werfen, um „die Flucht der französischen Truppen zu beschleunigen", wie es im Einsatzbefehl hieß. Ich versuchte zwar, meine Bomben (ich war Beobachter und Bombenschütze) auf die Felder neben der Straße abzuwerfen, da wir aber kettenweise (3 Flugzeuge) in Formation flogen, war ein besseres Ausweichen nicht möglich. Damals habe ich mir zum ersten Male die Frage nach dem Sinn und den menschlichen Folgen eines jeden Krieges gestellt und habe mir noch lange und eigentlich bis heute wegen der sicher schrecklichen Wirkung dieser Bombenabwürfe Gewissensbisse gemacht.

Zum Bombenkrieg möchte ich aus meiner persönlichen Erfahrung noch folgendes sagen: im modernen Krieg ist das Töten von Mann zu Mann fast ganz durch die Technisierung zu einem Töten auf Distanz geworden, gewissermaßen zu einem anonymen Töten. Der Bombenschütze, der die Bomben ausklinkt, kennt und sieht seine Opfer nicht. Dies gilt ohne Zweifel in Zukunft in verstärktem Maße auch für den sog. konventionellen Erdkampf, der mit immer weitertragenden Geschossen und Fernlenkwaffen geführt werden wird. Die Ausbildung der Soldaten durch Drill zu Härte und Unerbittlichkeit, wie sie wohl in allen militärischen Systemen betrieben wird, ist eine Ausbildung zu Sadismus und Unmenschlichkeit. Die Zumutung an den Soldaten, gnadenlos auch den grausamsten Befehl persönlich, gewissermaßen „handgreiflich" auszuführen, wird wohl zunehmend ersetzt werden durch perfektes Handhaben der modernen, technisch komplizierten Waffensysteme, ohne aber deswegen deren Wirkung auch nur im geringsten humaner zu wissen. Diese Anonymität des Tötens und Zerstörens müssen wir auch den Fliegern der unsere Städte verwüstenden und hunderttausende von Zivilisten, Frauen und Kindern mordenden Bombengeschwader zubilligen. Ich kenne nur den einzigen Fall eines Fliegers, und zwar des Piloten der amerikanischen Maschine, der die Atombombe auf Hiroshima abwarf, der durch diese Tat in schwere Gewissenskonflikte gestürzt wurde, die er bis heute nicht überwunden hat.

In allen Kulturstaaten der Erde wird das Töten eines Menschen als Mord, also Verbrechen verfolgt und bestraft, soweit es sich nicht um eine persönliche Strafe handelt. Als Massenerscheinung wird die im Menschen vielleicht schlummernde Bereitschaft zum Töten (Erbsünde?) legalisiert, gefordert und sogar ausgezeichnet, obwohl der „Feind" persönlich frei von jeder Schuld ist. Die Verantwortung für diesen programmierten Rückfall in die Unmenschlichkeit früherer Entwicklungsstufen der Menschheit tragen die Politiker, die einen Krieg vorbereiten und entfesseln; denn jeder Krieg wird von den berufsmäßigen Militaristen zwar strategisch geplant und durchgeführt, aber kaum angezettelt. Die politischen Vorgeschichten der Kriege, auch dieses letzten II. Weltkrieges sind wesentlich wichtiger und interessanter als die militärischen Abläufe mit ihren vielen Daten und Schlachtenorten.

Der Feldzug gegen Frankreich lief bekanntlich sehr präzise und schnell ab. Die deutsche militärische Führung war so einfallsreich wie erfolgreich. Die zunächst gefürchtete Maginot-Linie, von den Franzosen als Sicherheitsfaktor 1. Klasse gegen einen evtl. Angriff aus Deutschland betrachtet, wurde umgangen und von hinten aufgerollt. Das Sperrfort Eben Email wurde in einem Husarenstreich 1. Ordnung von wenigen Fallschirmjägern und Luftlandsoldaten genommen. Ich bin später mehrmals über dieses Fort und den unglaublich tief eingeschnittenen, davor liegenden Albert-Kanal geflogen und war immer wieder erstaunt und stolz, daß ein solches Bollwerk von unseren Soldaten erobert werden konnte.

Ich schreibe bewußt „stolz"; denn in dieser Phase des Krieges, die ganz im Sinne Hitlers als Blitzkrieg abgelaufen war, konnte man als Patriot stolz auf die Tapferkeit und die militärischen Erfolge unserer Wehrmacht sein. Es war ja die schreckliche Zwiespältigkeit im Herzen wohl der meisten Deutschen während der ganzen langen Zeit dieses immer gräßlicher werdenden Krieges, daß man hin- und hergerissen war zwischen der vaterländischen Pflicht zu Treue und Mut und dem nur langsam deutlicher werdenden Wissen um die Unmenschlichkeiten und Verbrechen des Führers und seiner Parteigänger. Ich möchte aber den Franzosen, Engländer oder Ami sehen, der nicht auch stolz gewesen wäre auf einen solchen militärisch brillanten Sieg wie den der Deutschen Wehrmacht in Frankreich 1940.

# Die Luftschlacht über England

Nach den relativ harmlosen Bombenflügen im Frankreichfeldzug, bei denen kaum ernstliche Jagdfliegerangriffe auf uns erfolgten und unsere Luftwaffe den Luftraum völlig beherrschte, wurde unser Geschwader ab 18.6.40 in der „Luftschlacht um England" eingesetzt. Unsere He 111-Maschinen waren für diesen Zweck ziemlich ungeeignet. Das hätte der großsprecherische Reichsmarschall Göring eigentlich wissen müssen, daß eine langsam fliegende Bombermaschine, die zur Abwehr angreifender Jagdflugzeuge nur ein normales Maschinengewehr hatte (nach hinten oben, bedient vom Bordmechaniker), den versierten englischen Jägern kaum entgehen konnte. Das nach vorne gerichtete, in der Sichtkanzel vom Beobachter bediente Maschinengewehr war im Luftkampf ohne jeden Zweck, so daß uns die englischen Jagdflieger wie lahme Enten abschossen, wenn die deutschen Jagdflugzeuge, die Jagdschutz für uns flogen, wegen Benzinverknappung hatten umkehren müssen.

So waren die Verluste der Luftwaffe enorm und nicht mehr leicht zu ersetzen. Die He 111, wie die Stukas (Sturzkampfflugzeuge), waren besser zur Unterstützung der am Boden kämpfenden, schnell beweglichen Armeen geeignet und erzielten hier als eine Art fliegende Artillerie große Erfolge. Für die Bombardierung von Flächenzielen weit im Feindesland waren sie trotz guter Reichweiten kaum geeignet.

Schon nach wenigen Tagen wurden dann unsere He 111 mit schwarzer, matter Farbe an der Unterseite bemalt, und so getarnt wurden wir zu Nachtangriffen auf englische Häfen und Kriegsindustrien eingesetzt. Gefürchtet von uns waren dabei die englischen Nachtjäger, die unseren Bombenmaschinen in gewissem Abstand folgten und beim Aufsetzen auf den Start- und Landebahnen der Einsatzflughäfen in Frankreich nahe des

Ärmelkanals z.B. bei Tours mit Bordkanonen angriffen: sie nutzten diesen beim Fliegen sowieso heikelsten Moment und die wenn auch geringe Startbahnbeleuchtung zu ihren Angriffen aus. Auch auf diese Weise gingen eine ganze Reihe von Maschinen und Besatzungen verloren.

Die mattschwarze Schutzfarbe sollte unsere Flugzeuge vor dem Erfassen durch Scheinwerfer und Flak sichern. In der Tat war das keine schlechte Idee, aber die Navigation war für die einzeln startenden und angreifenden Maschinen nachts ein ungelöstes Problem. Wir waren gewohnt und darin ausgebildet, nach Bodensicht zu navigieren oder mit Peilungen zu arbeiten, die aber entsprechend durchschlagende, auf diese weiten Strecken noch vernehmbare Bodenstationen zur Voraussetzung hatten. Beides war bei Nacht und den weit entfernten Zielorten, z.B. Liverpool, nicht gegeben. So kurvten wir meist ohne genaue Orientierung im Zielgebiet herum und bemühten uns, das jeweilige Ziel auszumachen. Ich bezweifle sehr, ob unsere 250 kg Bomben oft die genauen Ziele trafen, trotz der üblichen Erfolgsmeldungen.

Die Navigation zum Zielpunkt sollte dann dadurch erleichtert werden, daß von Frankreich aus Funkleitstrahlen auf einer bestimmten Frequenz gesendet wurden, die der Pilot im Kopfhörer unmittelbar aufnehmen konnte: solange die Maschine auf Kurs lag, hörte er einen Dauerton, wich er vom Kurs ab, hörte er auf der einen Seite Punkte, auf der anderen Striche, so daß er den Kurs korrigieren konnte. Es dauerte aber nur kurze Zeit, bis die Tommys dieses Spiel durchschaut hatten und nun die Leitstrahlen auf derselben Frequenz, aber am Zielort vorbei funkten, so daß unsere Maschinen fehlgeleitet wurden. Es war ein dauerndes Katze- und Mausspiel in 5.000 m über dem Boden!

Man muß dabei noch berücksichtigen, daß die Engländer Meister in der Tarnung sind. Ihre Städte und Häfen waren hervorragend verdunkelt und oft Scheinstädte und Scheinhäfen in der Nähe aufgebaut, die notdürftig beleuchtet waren und unsere Bombenschützen täuschen sollten. Es war sowieso immer eine Nervenprobe, aus dem Dunkel des Festlandes und des Kanals in die fast lückenlose Lichtmauer der blendenden englischen Scheinwerfer hineinzufliegen. Auf die vom Feind später bei seinen Bombenangriffen auf deutsche Städte praktizierte Beleuchtung des Zielgebietes, durch sog. Christbäume (Leuchtfallschirme) oder durch Brandbomben verursachte Flächenbrände, kam unsere Luftkriegsführung offenbar nicht.

So mißlang die „Ausradierung" englischer Städte in großem Umfang, wie es Hitler angekündigt hatte, wenn auch durch massierte Luftangriffe, mit entsprechend hohen Verlusten unsererseits und später durch den Einsatz der V I und V II-Raketen, den Engländern schwere Verluste vor allem an Material und Gebäudesubstanz zugefügt wurden.

Es soll nicht verschwiegen werden, daß Hitler zunächst die Absicht hatte, die Bombardierung der Zivilbevölkerung des Feindes zu vermeiden. In der Tat waren meine Bombenflüge 1940 gegen Frankreich und gegen England ausschließlich auf militärische Ziele gerichtet. Erst als 18 englische Whrithley-Bomber am 11.5.1940 die Stadt Freiburg i.Br. bombardiert hatten, wurden Bombardierungen englischer Städte als Vergeltung geplant und dann auch durchgeführt.

Ich fühlte mich bei der Bomber-Staffel nie recht wohl, vor allem wegen der sehr „exklusiven" Haltung der Herrn Offiziere. Meine militärische (später abgebrochene) „Karriere" hatte ich nach dem Abitur am 1.4.1934 als Fahnenjunker und Offiziersanwärter bei der Infanterie im IR 19 in München begonnen. Obwohl die Ausbildung in der damaligen Reichswehr sehr hart war, fühlte ich mich im Kameradenkreis und auch im Kreis der Offiziere (in den wir dann als Fähnriche gelegentlich zitiert wurden) ausgesprochen wohl. Außerhalb des Dienstes war keineswegs ein rüder, militaristischer Ton zu bemerken, sondern es herrschte eine eher liberale und gebildete Atmosphäre. Ich wurde damals oft gefragt, warum ich als Naturfreund und Vogelkenner überhaupt in die Reichswehr eingetreten sei. Es geschah nicht aus Tradition, im Gegensatz zu vielen Regimentskameraden. Soweit ich im Stammbaum „Blasy" zurückging (den man damals aufstellen mußte, schon um seine „arische Großmutter", die man ironisch immer im Munde führte, nachzuweisen), war keiner meiner Vorfahren Soldat gewesen, weder Berufsoffizier noch im Krieg. Es geschah auch nicht aus politischen Überlegungen heraus, etwa als Gegengewicht gegen den NS-Staat mitwirken zu wollen; dessen Entwicklung konnte man aus unserer Perspektive heraus keineswegs abschätzen. Ich war weder militaristisch veranlagt noch zum Kommandieren und noch weniger zum Gehorchen geeignet. Jede Uniform – allen voran die Partei-Uniformen – erschien mir einfach lächerlich und in höchstem Maße unbequem. Um nicht ganz in's Ungewisse zu gehen, fuhr ich damals einmal nach Aschaffenburg, um vom Sohn einer Bekannten meiner Mutter, der Oberleutnant bei der Reichswehr war, etwas über diesen Offiziersberuf zu erfahren. Ich hatte vorher noch keinen Offizier in Uniform auch nur gesehen, kannte keines der ach so wichtigen Rangabzeichen und konnte mir keine Vorstellung davon machen, welche Tätigkeit ein Soldat den lieben, langen Tag eigentlich ausübt. Nun – das Ergebnis meines Besuches war recht mager: der Herr Oberleutnant war recht wortkarg und ich hatte eigentlich den Eindruck einer gewissen Unbefriedigtheit mit seinem Beruf. Trotzdem meldete ich mich dann doch als Offiziers-Anwärter beim 19. Bayer. Inf.Rgt., wobei eine wichtige Rolle für mich spielte, daß ich zu einer 3-tägigen psycho-technischen Prüfung nach München fahren mußte und diese Tage die Schule „schwänzen" durfte. Diese psycho-technische Prüfung war in vielerlei Hinsicht witzig und lehrreich. Wir waren insgesamt etwa 120 Prüflinge, von denen nur 25-30 angenommen werden sollten. Nun waren zahlreiche „von" und „zu" dabei, Offizierssöhne und

„Konkurrenten", die schon vorher die Rangabzeichen auswendig gelernt und die militärischen Ausdrücke und Redensarten geübt hatten. Ich erschrak, als mein Nebenmann beim ersten Vorlesen der Namensliste aus Leibeskräften schrie: „Hier! Herr Oberleutnant!" und dabei seine Absätze zusammenschlug, daß es nur so krachte. Mein „Hier!" mußte dagegen geradezu müde geklungen haben.

Dann begannen die Prüfungen unter den Augen zahlreicher Offiziere, Ärzte und Psychologen. Sportliche Leistungen waren Trumpf, z.B. ein 300-m-Lauf oder am Reck möglichst zahlreiche Bauchaufzüge (ich brachte es auf 35 zu meiner eigenen Verwunderung) oder Geschicklichkeitsproben, z.B. das Biegen eines Drahtes zu einem Bierflaschenverschluß (wie damals allgemein in Gebrauch), was gar nicht so einfach ist, wenn der Verschluß dann auch funktionieren soll. An jedem Tag wurden wir schubweise in's Offizierkasino zum Essen geführt. Ich kam zum Frühstück dorthin und wir saßen in bunter Reihe mit meist jüngeren Offizieren, die uns natürlich beobachteten, wie wir uns beim Essen benahmen und über welche Themen wir mit ihnen plauderten. Es wurde zum Frühstück auch ein weiches Ei serviert, das aber so weich war (wohl mit Absicht), daß man es nicht mit dem Eierlöffelchen schicklich essen konnte. Ich dachte mir: „Du wirst doch dieses schöne Ei nicht stehen lassen!", wie es die meisten aus Verlegenheit machten. Ich setzte das Ei an den Mund, trank es aus und lachte dabei. Mein Tischnachbar mußte auch mitlachen und konnte es sich nicht verkneifen zu sagen: „Das haben Sie ganz richtig gemacht! Wenn Sie nämlich das Tischtuch bekleckert hätten, hätten Sie den Flecken nach unserer Kasino-Sitte mit Geldstücken abdecken müssen!" Ich dachte mir:

„Das hätte mir bei meinem knappen Taschengeld gerade noch gefehlt". Wir bekamen von unserem Vater, solange wir am Gymnasium waren, im Monat 1 Mark Taschengeld, <u>die</u> Monatsmark und in den letzten 2 Jahren 2 Mark, die von unserer lieben Großmutter bei Gelegenheit, z.B. zur Kirchweih, auf 5 Mark aufgebessert wurden.

Die „Prüfungen" gingen weiter mit Photographiert-werden: wir mußten uns in einem kleinen Raum auf einen Stuhl setzen, vor uns der Photoapparat alter Bauart, also mit ausziehbarem Balg. Natürlich kam jeder einzeln dran. Bei „Bitte, recht freundlich!" wurde hinter mir ein Schuß (wohl eine Platzpatrone) abgegeben und so unsere Schreckhaftigkeit erprobt. Bei mir hatten sie kein „Glück"; denn dieser Platzpatronenscherz war mir vom Vorgänger freundlicherweise zugeflüstert worden und ich grinste ohne mit der Wimper zu zucken in die Linse.

Dann wieder wurden wir einzeln in ein Zimmer Nr. xx geschickt und erhielten den Auftrag, die dort befindlichen Soldaten in den Prüfungsraum zu holen. Auch dieser Trick war mir am Abend vorher von einem netten Pritschennachbarn verraten worden: die betr. Soldaten hatten nämlich den Auftrag, nicht ohne weiteres mitzukommen, sondern sich mit allen möglichen Ausreden zu weigern. Man müßte sehr energisch auftreten, am besten die Tür aufreißen, möglichst laut „Achtung!" schreien und die Soldaten, die darauf dressiert waren, daß bei „Achtung!" ein Vorgesetzter die Stube betrete und aufstanden, zum Mitkommen auffordern. Gesagt, getan, ich brachte meine Gruppe ohne Komplikationen in's Prüfungszimmer. So ging das also 3 Tage lang. Gegen Ende dieser Prüfungen wurden wir dann einzeln vom Rgt.Kommandeur, Herrn Oberst Graf, zu einem kurzen Gespräch empfangen. Der Herr Oberst saß hinter seinem Schreibtisch, eine eindrucksvolle, soldatische Erscheinung, und vor ihm standen 2 Sitzgelegenheiten, ein einfacher Holzstuhl und ein Polstersessel. „Bitte, nehmen Sie Platz!" – Wohin mit dem Po? Blitzschnell entschied ich mich für den Polstersessel, aber schon mit dem Vorsatz, diesen Platz wieder zu räumen, wenn ein weiterer ernsthafter Mann das Zimmer betreten würde. Das war nicht der

Fall und beim Verabschieden (ganz unsoldatisch meinerseits) sagte mir der Kommandeur, ich könne damit rechnen, als Offiziers-Anwärter angenommen zu werden.

Auf der Heimfahrt befielen mich nun doch ziemliche Bedenken, was ich da wohl wieder angestellt haben könnte; denn die Bewerbung war wie gesagt zunächst dadurch ausgelöst worden, daß ich 3 Tage schulfrei hatte, im übrigen nicht so ernst gemeint gewesen. Andererseits spürte auch ich ein gewisses Unbehagen über die politische Entwicklung und ich meinte – ohne es genau definieren zu können –, daß die Reichswehr als ein unangreifbarer Machtblock über die sich häufenden politischen Skandalgeschichten erhaben sei.

Ein Vorgang in unserer Familie bestärkte mich in dieser Meinung: Mein Vater war 1933 Vorstand des Finanzamtes Lohr a.M. und politisch – seiner religiösen Überzeugung entsprechend – Mitglied der Bayer. Volkspartei, also „schwarz". Er nahm seine Beamtenpflichten sehr genau und daraus ergab sich, daß er einen seiner Beamten, der in SA-Uniform in's Amt gekommen war, heimschickte und verlangte, daß er ohne Uniform und in Zivilkleidung zum Dienst zu kommen habe. Schon Reichskanzler Brüning hatte das des politischen Friedens wegen angeordnet. Wie zu erwarten, wurde mein Vater deswegen denunziert und auf Veranlassung der Kreisleitung von Lohr nach Aschaffenburg versetzt.

Am Finanzamt Aschaffenburg war er dann nicht mehr Amtsvorstand, sondern 2. Beamter und Stellvertreter des Amtsvorstandes, nachdem er bei der geschilderten „Gesinnung" als Amtsvorstand nicht mehr tragbar erschien – bei der damals schon allmächtigen Partei. Natürlich wurde dies im Familienkreis besprochen und löste wegen der Willkür dieser Personalentscheidung einiges Unbehagen aus. Mein Vater ging allerdings trotz dieser Befugnisschmälerung ganz gerne nach Aschaffenburg, das eine größere und kulturell lebhaftere Stadt war als Lohr und mein Vater schon als Gymnasiast dort gewesen war. – Ich selbst wurde dann schon zum 1. April 1934 nach München einberufen und ging damit des an das Abitur anschließenden Osterurlaubs verlustig, so daß aus dieser Sicht die 3 Tage „schulfrei" recht teuer erkauft waren.

Hitler war von Hause aus von ausgesprochener Anglomanie und ein Bewunderer des Britischen Imperialismus. Er wollte viel lieber mit Großbritannien zusammenarbeiten als dessen Gegner sein. Sein politischer Sieg in München am 5.10.1938 hatte in ihm offenbar diese Hoffnung geweckt. Nur war dann Churchill aus anderem Holz geschnitzt als Neville Chamberlain, aber das hat Hitler bei der Entfesselung des Krieges durch seinen Angriff auf Polen nicht gesehen. Diese seine Anglomanie war sicherlich auch die Triebfeder für das von ihm persönliche Stoppen der Panzereinheiten Guderians vor Dünkirchen, die das Englische Expeditionskorps schon fast völlig umzingelt hatten. In der Tat hätte die Wehrmacht die Engländer hier bis zum letzten Mann vernichten oder gefangennehmen können und es blieb der siegreichen deutschen Generalität und allen Soldaten unerklärlich, warum Hitler das getan hat. In England selbst waren zu dieser Zeit weder Soldaten noch Waffen vorhanden. Die entkommenen Tommys hatten alle ihre Waffen am französischen Strand zurücklassen müssen, um ihr nacktes Leben zu retten. Churchill richtete einen Hilferuf an Präsident Roosefelt und bat um 200.000 Gewehre und Munition, die dieser auch lieferte, wie vieles andere Kriegsgerät im späteren Verlauf des Krieges. Wie dramatisch die Lage auf den Inseln war, geht daraus hervor, daß ein im Unterhaus diskutierter Aufruf an die englische Bevölkerung, sich im Falle einer deutschen Invasion bis zum Äußersten zu wehren, von Churchill dadurch ad absurdum geführt wurde, daß er die Frage in den Raum stellte, mit welchen Waffen sich denn die Engländer gegen die Deutschen wehren sollten, sie hätten ja nur Vogelfinten und Knüppel. In der Tat zitterte England damals vor einer erwarteten deutschen Invasion. Erst der Verlauf des

Feldzuges in Rußland entlastete England von dieser drohenden Gefahr.

Wenn man die weitere Entwicklung überdenkt, kommt man zu der Erkenntnis, daß der Stop-Befehl vor Dünkirchen der größte strategische Fehler des „Gröfaz" (Hitler, „der <u>g</u>rößte <u>F</u>eldherr <u>a</u>ller <u>Z</u>eiten" nach Keitel) war.

Doch zurück zum Luftkrieg: Als man die Unterlegenheit der He 111-Bomber erkannt hatte und viele der erfahrenen und gut ausgebildeten Flugzeug-Besatzungen „baden gegangen" (abgeschossen) waren, wurden die Kampfgeschwader mit der neu entwickelten JU 88 ausgestattet. Dieses Flugzeug war wesentlich schneller, zudem wendiger, hatte aber nur mehr 3 Mann Besatzungspersonal. Der Beobachter (Navigator) und zugleich Bombenschütze wurde eingespart. Die Navigation wurde in Zusammenarbeit von Pilot und Funker erledigt, den Bombenabwurf löste der Bordmechaniker aus.

Mit dieser Umrüstung wurde ich meine Verwendung als Beobachter und Bombenschütze im Kampfgeschwader los und wie alle Kampfbeobachter zur Transport-Fliegerei versetzt. Damit begann die vielseitigste und interessanteste Zeit meiner Luftwaffen-"Laufbahn".

Zunächst wurden wir Beobachter im Fliegerhorst Tutow in 2 Kompanien zusammengefaßt und wieder einmal ausgebildet. Nicht ganz zu Unrecht wurde von den Fliegern das Wort „Tutow" interpretiert mit „Trinken und Toben ohne Weiber", aber immerhin war Berlin nicht weit entfernt, wo ich schon seit Jahren liebenswürdige, gute Bekannte hatte.

Diese Freundschaft mit der Familie Boese hatte einen lustigen Anfang genommen: als ich noch als Infanterist auf der Kriegsschule in Dresden war, hatte ich einen Freund, der ebenfalls Fähnrich war und dessen Schwester in Berlin-Nikolassee in einem Mädchen-Institut war. Wir beschlossen einmal nach dort zu fahren und mit ihr und einer Freundin ein nettes Wochenende zu verbringen. Gesagt, getan, wir fuhren nach Berlin, eisten die beiden in ihrem Institut frei nicht ohne die Aufforderung, sie bis spätestens Mitternacht dort wieder unbeschädigt abzuliefern. Das taten wir denn auch nach einem ausgiebigen Besuch des Zigeunerkellers auf dem „Ku-Damm". Allerdings hatten wir versäumt, uns vorher ein Nachtquartier zu suchen und als wir das nachholen wollten, mußten wir zu unserem Erstaunen feststellen, daß weder eine S-Bahn nach dem Zentrum mehr fuhr noch in Nikolassee eine Pension oder ein Hotel zu finden war. Gestikulierend, was nun zu tun sei, gingen wir dahin, als uns eine Frau von hinten ansprach, die sagte, sie habe gehört, daß wir keine „Bleibe" hätten und wir sollten doch mit ihr kommen!

Zunächst sahen wir uns fragend an, als sie aber fortfuhr, wir Soldaten täten doch so viel für's Vaterland und wir bräuchten uns keine Skrupel machen, erkannten wir, daß wir eine Dame vor uns hatten, und als dann ihr sich zunächst genierender Mann nachkam und die Einladung wiederholte, fiel uns ein Stein vom Herzen und wir gingen mit dem Paar. Wir staunten nicht wenig, als sie uns in eine vornehme Villa führten, die in einem gepflegten Park lag und uns als Nachtquartier das Schlafzimmer ihrer Zwillings-Töchter anboten. Die Mädchen waren beide nicht zu Hause, sondern im Arbeitsdienst. Es war eine freudige Überraschung, wir wurden mit einem herrlichen Frühstück verwöhnt und haben später auch die Töchter zu unser aller Freude kennengelernt. Diese Freundschaft, auch mit den Eltern hat lange Zeit überdauert und erst mit dem Kriegsende ein gewaltsames Ende gefunden.

So lag es nahe, von Tutow aus gelegentlich in Nikolassee Besuch zu machen und als es auf Weihnachten zuging, überlegte ich, wie ich den Eltern Boese eine Freude machen könnte.

Nun hielt der Flugplatz-Kommandeur eine Schar von ca. 20 Gänsen, die von Küchenabfällen gefüttert wurden und gut bewacht waren. Ein Gänsebraten zu Weihnachten? – Keine schlechte Idee! Wir erkundeten die Zeiteinteilung der Runden der Wachmannschaft, die den Flugplatz bewachten und die Umzäunung abgehen mußte, schlichen uns zur rechten Zeit an den Gänsestall, krochen durch den Gänseschlupf in den Stall, dessen eigentliche Tür fest verschlossen war. Unsere Sorge, die Gänse würden ein gewaltiges Geschrei erheben, war unnötig, sie blieben brav still. Wir murksten eine ab und verzogen uns schleunigst in's Quartier.

Dann mußte alles schnell gehen: wir rupften das „liebe Vieh" im Heizungsraum unserer Unterkunft und versenkten alle Federn fein säuberlich in einer Aschentonne. Am nächsten Morgen fuhren wir mit dem 1. Zug nach Berlin und brachten unsere Weihnachtsüberraschung gut an ihr Ziel. Die nichts Böses ahnende Frau Boese bereitete gekonnt den Weihnachtsfestbraten zu und der seltene Braten schmeckte uns allen hervorragend.

Am nächsten Tag erfuhren wir, daß das Fehlen einer Gans vom Gänsepfleger natürlich bemerkt worden war, daß aber alles Suchen und die beliebten Schrankappelle keine Gans an's Tageslicht gebracht hatten. Der arme Kommandeur hatte nun eine Gans weniger, er wird den Verlust überlebt haben. Wir Diebe blieben glücklich unentdeckt.

Eine weitere Unterbrechung des Soldatenalltags waren meine so oft wie möglich durchgeführten Besuche in Wahrenholz, einem Dorf in der Heide, das mir dadurch aufgefallen war, daß im hohlen Stamm der 800 Jahre alten Dorflinde laut offiziellem gemeindlichen Schild sich der „Dienstraum der Ortspolizei" befand. In diesem uralten, liebenswerten Dorf wurde damals noch in vielen Höfen Leinen gesponnen, und ich saß oft stundenlang bei einer alten Bäuerin und sah unter eigenartigen Erzählungen ihrerseits zu, wie sie sehr schön gemusterte Leinen nach aus ihrer Schulzeit stammenden Musterheften aus selbstgezogenem und aufgearbeitetem Flachs auf ihren großen Webstühlen webte. Ich habe ihr mehrere Tücher, vor allem Handtücher und Tischdecken abgekauft und nach Hause geschickt.

Fliegerisch waren wir mit unseren zuverlässigen, guten JU 52 eifrig mit Ausbildung in Navigation, Formationsfliegen, Fallschirmjägerabsetzen und Lastensegler-Schleppen im Einzelflug und im Kettenverband beschäftigt. Die hauptsächlichste Aufgabe dieser KGz.b.V. (Transportgeschwader) war natürlich das Absetzen von Fallschirmjägern in künftigen Brennpunkten der Kriegsführung, eine höchst verantwortungsvolle Tätigkeit, die sichere Bodensicht-Navigation in geringstmöglicher Höhe über dem Boden, Umsicht und schnelle Entscheidungskraft verlangte; denn schließlich hing vom präzisen Absetzen der Fallschirmjäger nicht nur deren militärischer Erfolg, sondern auch deren Überleben ab, wie sich später in Kreta auf's nachdrücklichste zeigen sollte.

Im November 1940 wurde eine ausgewählte Gruppe von uns „Fallschirmjäger-Kampfbeobachtern", wie wir offiziell genannt wurden, auf einen astronomisch-nautischen Lehrgang nach Straßberg abgeordnet. Dort wurden wir von einem Seekapitän-Lehrer in astronomischer Navigation ausgebildet, die recht kompliziert und wegen des sich ständig verändernden Sternenstandes umständlich war. Das Schönste an diesem Lehrgang war ein halbkugelförmiges Planetarium, das verdunkelt war und an dessen Himmel sämtliche Sternbilder der nördlichen Erdhalbkugel zu sehen waren, die sich um den Nordstern bewegten. Erst später erfuhr ich unter der Hand und unter dem Siegel der Verschwiegenheit, welchen Zweck diese astronomische Navigation hätte haben sollen:

Hitler hatte die Idee, New-York mit schweren Bomben anzugreifen. Da damals kein Flugzeugtyp vorhanden war, der die weite Strecke über den Atlantik und zurück schaffen konnte, wurden spezielle, sehr leichte und ziemlich große Flugzeuge entworfen und erprobt, die neben dem für den Hinflug notwendigen Treibstoff noch eine 500 kg-Bombe tragen konnten. Flugzeugträger gab es bekanntlich in der deutschen Marine nicht.

Diese Flugzeuge sollten bei Nacht den Atlantik überfliegen, in der Morgendämmerung ihre Bomben auf New-York abwerfen und dann – da ein Rückflug wegen Treibstoffmangel unmöglich gewesen wäre – nahe der Küste auf dem Atlantik notwassern. Die Flugzeugbesatzungen sollten dann von U-Booten, die dort in Wartestellung liegen sollten, aufgenommen und nach Europa zurückgebracht werden. Wir waren schon als Vorübung im Aufpumpen mitzuführender Schlauchboote und Benutzung von Hilfsmitteln zum Überleben auf See eintrainiert worden. Hitler versprach sich von einem solchen Überfall eine große Wirkung auf das amerikanische Volk. Zweifellos wäre ein aufsehenerregender Propagandaerfolg erzielt worden. Ob aber die USA deswegen den Krieg bzw. die Unterstützung Großbritanniens beendet hätten, halte ich für sehr zweifelhaft. Wahrscheinlich wäre nur eine Trotz- und „Jetzt-gerade"-Reaktion seitens des amerikanischen Volkes die Folge gewesen.

Glücklicherweise ist diese streng geheime Unternehmung nicht in die Tat umgesetzt worden; denn ich hatte lebhafte Zweifel, ob ich von „meinem" U-Boot auch wirklich in der Wasserwüste des Atlantik gefunden worden wäre. Aber der „Dank des Vaterlandes" wäre uns wie allen Frontsoldaten sicher gewesen!

Mitte Februar 1941 wurde dann ein KGz.b.V. 60 aufgestellt und ich als Beobachter der 4. Staffel (9 Flugzeuge) zugeteilt. Unser Staffelabzeichen war eine witzige Schweinsgeige, die am Bug der JU-s aufgemalt war. Die Stimmung und der Zusammenhalt in der Staffel war nur gut, wir waren eine echte Gemeinschaft und ich habe nie und im Gegensatz zur Bombereinheit persönlich Zwistigkeiten erlebt oder von solchen gehört. Die Fallschirmjäger-Absetzübungen und die Lastensegler-Schleppübungen, auch in Kettenformation und bei Nacht gingen weiter bis zu großen Masseneinsatzübungen in der Nähe von Berlin in Wittstock und Adlershof.

Im März 1941 begannen dann die Flüge nach SO-Europa,

nach Rumänien, Jugoslavien, Bulgarien und Griechenland, meist allerdings reine Transport-Aufgaben, bei denen wir diese Länder kennenlernten, soweit das aus der Luft und vom Flugplatz aus möglich ist. Ich habe immer bedauert, daß man als Flieger nur punktweise Einblicke und Kontakte mit dem jeweiligen Land und seinen Bewohnern haben konnte. So blieben diese „Ausflüge" – im Sinne des Wortes – von nur bescheidenem touristischem Wert. (Was man so alles als „Schweyk" vom Krieg erwartet!)

# Die Balkan-Krisen 1941
## (Das „Brötchenfahren" 1941)

Deutschland war aus wirtschaftlichen Gründen, aber auch aus Tradition aus der K.u.K.-Zeit seit langem stark an guten Beziehungen zu den Balkan-Staaten interessiert und wäre hier wohl kaum zu aggressiven kriegerischen Expeditionen geschritten, wenn es nicht durch die Entwicklung der militärischen Lage dazu gezwungen gewesen wäre.

Jugoslawien war 1941 zunächst noch eine Monarchie und der junge Regent Prinz Paul hatte seinerseits das Bestreben, Deutschland, das „Großdeutsche Reich" nicht zu provozieren und zu einem Angriff zu reizen, sondern den Frieden zu erhalten und sich mit der scheinbar zunehmenden Macht der Achse Deutschland-Italien zu arrangieren. Auch die nie überwundenen innerjugoslawischen Differenzen, vor allem zwischen den Kroaten und den Serben, ließen ihn einen fortdauernden Frieden mehr als erstrebenswert erscheinen. Nur Neutralität könne ein militärisches Eingreifen Deutschlands vermeiden, war auch die Meinung der jugoslawischen Regierung.

Ziel der deutschen Politik auf dem Balkan war es, möglichst viele Staaten der Achse anzuschließen, um billig eine eventuell notwendige Basis für den Einmarsch in Griechenland zu erhalten, in dem eine britische Armee zur Unterstützung Griechenlands bereit stand. Da der Angriff auf Rußland von Polen und Rumänien aus schon beschlossene Sache war, mußte die deutsche Südflanke gesichert werden.

Bulgarien, Ungarn und Rumänien waren in irgendeiner Form schon dem nunmehrigen Dreierpakt verpflichtet worden oder diesem formell beigetreten, und auch die jugoslawische Regierung war bereit, dies zu tun. Eine bevollmächtigte Regierungskommission war bereits in Budapest eingetroffen, als am 27.3.41 ein Staatsstreich von Generalen diese Entwicklung unterbrach. An einen Paktbeitritt war nicht mehr zu denken, vielmehr richtete sich eine anlaufende nationale Welle gegen das mit Besetzung drohende Deutsche Reich.

Hitler fiel aus allen Wolken, als er von diesem jugoslawischen Coup erfuhr. Er beschloß, Jugoslawien als Militärmacht und als Staatswesen zu vernichten und befahl den Angriff auf Jugoslawien, der ab 6.4.41 rollte und bereits wenige Tage später praktisch beendet war, nachdem die Hauptstadt Belgrad durch ein 2-tägiges Bombardement verwüstet worden war. Das sollte die Vergeltung für den „Abfall" sein. So sah der politisch-militärische Hintergrund aus, als unsere z.b.V.-Staffel (Transportgeschwader) in diesen turbulenten Tagen zahlreiche Aufträge zu erledigen hatte, die vom Flugplatz Wiener-Neustadt oder von Flugplätzen im „Protektorat" Böhmen-Mähren aus geflogen wurden und die wir als „Brötchen-Fahren" bezeichneten: einmal kutschierten wir Stabs-Offiziere nach Bukarest oder Techniker nach Ploesti (Erdölgebiet in Rumänien). Dann wieder transportierten wir Kisten nach Bulgarien, und als wir aus Neugierde und natürlich ganz unvorschriftsmäßig eine derselben öffneten, war sie voll Personalakten, fein säuberlich in Aktenordner eingelegt. Wir schüttelten den Kopf über die „Ehre", die diesem Papierkram mit einem Lufttransport erwiesen wurde, aber offenbar ist auch eine große Armee auf derlei bürokratischen Zauber angewiesen.

Meist brachten wir aber Fallschirmjäger oder auch Gebirgsjäger auf Flugplätze in der Nähe ihrer Bereitstellungsräume; denn die Zeit drängte offenbar, das Unternehmen „Barbarossa", der Angriff auf Rußland, sollte termingemäß beginnen. Dieser Termin war schon durch die Revolte in Jugoslawien und die sich daraus ergebenden Schwierigkeiten bei der Umgruppierung der nötigen Truppen und Änderung der Logistik verschoben worden und wurde weiterhin verzögert aus Gründen, die weiter unten geschildert werden.

Den lustigsten Auftrag hatten wir einmal zu erfüllen, als wir

„kriegsverpflichtete" rumänische Freudenmädchen aus Bukarest nach Bulgarien einfliegen mußten. Während in Bukarest, dem „Kleinparis des Ostens" offenbar ein reichliches Angebot an solchen – meist recht hübschen und lebhaften – jungen Frauen vorhanden war, gab es in Bulgarien kaum eine solche Liebesdienerin. Die Bulgaren waren bekanntermaßen sehr sittenstreng, die Frauen sehr keusch und anständig. Gegenüber uns deutschen Soldaten waren die Bulgaren alle sehr freundlich und hilfsbereit. Es war für uns ein immer wieder neuer Spaß, wenn in den Städten die Gymnasiasten mit ihren vielfarbigen Klassenmützen uns auf der Straße ansprachen, um mit uns deutsch zu sprechen: sie wollten ihre in der Schule erworbenen Deutsch-Kenntnisse erproben! Wie wir erfuhren, war Deutsch die erste Fremdsprache an den Höheren Schulen in Bulgarien. Auch der damals noch regierende Bulgarische König war bekanntlich ein großer Freund Deutschlands. Sein Hobby war, deutsche Lokomotiven selbst zu fahren. Nun sollte also – auf wessen Anordnung auch immer – in Bulgarien ein Wehrmachts-Puff eingerichtet werden! Das geschah denn auch in einer etwas außerhalb des Flugplatzes Goljamo Konare liegenden Baracke. Aber als Folge dieser Transaktion gab es von bulgarischer Seite Schwierigkeiten, weil zwar der ungehinderte und durch Eisenbahntransporte unterstützte Durchmarsch deutscher Truppen mit Bulgarien abgesprochen war, aber nicht der Import von solchen Zivilpersonen weiblichen Geschlechts ohne Pässe und Visa. Was später aus dieser amourösen Garde geworden ist, weiß ich allerdings nicht. Das mir später verliehene goldene Bulgarische Fliegerabzeichen wird doch wohl kaum auf ausgerechnet diesen Transport gegründet worden sein!

Über die angebliche und eingebildete oder auch die wahre sexuelle Not der in Kriegszeiten notwendig getrennten Ehe- und Liebespaare ist schon viel geschrieben und gesprochen worden. Hitler versuchte durch Gesetze einerseits die Eheschließung von sogar an der Front stehenden Soldaten durch die sog. Ferntrauung zu fördern und andererseits die bestehenden Ehen durch drakonische Strafandrohung (Todesstrafe) vor deutschen und vor allem vor nichtdeutschen (Zwangsarbeiter, Kriegsgefangene) Ehebrechern zu schützen. Im I. wie im II. Weltkrieg sollte diese Sexual-Not der Soldaten durch von der Wehrmacht eingerichtete oder wenigstens kontrollierte Bordelle gemildert werden. Der Hauptanlaß für diese „Freudenbaracken" war aber sicher der, die Soldaten vor ansteckenden Geschlechtskrankheiten zu schützen; denn natürlich wurden die Liebesdienerinnen laufend medizinisch überwacht und der Geschlechtsverkehr ohne Gummischutz verboten. Schon im I. Weltkrieg kam eine absichtliche oder leichtsinnig herbeigeführte Ansteckung mit der damals praktisch unheilbaren Syphilis ziemlich oft vor und wurde bei nachgewiesener Absicht als Selbstverstümmelung hart bestraft. Ob und in welchem Umfang dies auch im II. Weltkrieg der Fall war, ist mir nicht bekannt und konnte von mir auch nicht festgestellt werden. Dagegen liegen aus dem I. Weltkrieg die Zahlen von geschlechtskranken Soldaten statistisch vor und zwar waren von je 1.000 Soldaten krank

    in Deutschland   25,5
    in Frankreich    41,9
    in Österreich    61,0
    in Italien         84,9
    und in England  173,8 (!)

Diese Zahlen sollten aber nicht falsch interpretiert und etwa auf sexuelle Impotenz oder männliche Müdigkeit hin gedeutet werden. Vielmehr zeigt sich in ihnen eher die „deutsche Gründlichkeit" und Fürsorge auf dem Gebiet der u.U. kriegswichtigen Verhinderung der Verbreitung dieser Krankheiten.

Die gelenkte Kriegsprostitution ist eine wenn auch ekelerregende Reglementierung des urmenschlichen Triebes nach der körperlichen Liebe. Die moralischen Folgen dieser Vorgänge sind kaum abzuschätzen, haben aber ganz sicher häufig die

Bande der Ehen in der bürgerlichen Familie gelockert und oft zerstört. Die vielen nach Kriegsende geschiedenen Ehen sprechen hier eine deutliche Sprache.

Im übrigen war Bulgarien eine Art Schlaraffenland für uns: wenn kein Flugeinsatz zu erwarten war, besuchten wir oft Philippopel (das heutige Plovdiv) und schwelgten in Erdbeeren (die gerade reif waren) und Schlagsahne, ganze Schüsseln voll für sehr wenig Geld. Außerdem gab es eine Menge feiner, meist kleinkalibriger Würstchen, die immer sehr gut und stark gewürzt waren, herrliche Schinken von erlesenem Wohlgeschmack. Und natürlich durfte das berühmte Rosenöl nicht fehlen, das in kleinen, hübsch geschnitzten Holzkartuschen angeboten wurde und sich so gut als Mitbringsel in die Heimat eignete. Über die unabsehbaren Rosengärten, die auf den Vorbergen des Anti-Balkan-Gebirges angelegt waren, sind wir öfters geflogen.

In diesem Frühjahr führte nach einem strengen und schneereichen Winter die untere Donau ein unglaubliches Hochwasser. Beim Überfliegen glaubte man manchmal, einen Riesensee unter sich zu haben. Dieses Hochwasser brachte die deutsche Truppenführung in erhebliche Schwierigkeiten, weil die in Rumänien bereitgestellte, eigentlich für den Einmarsch nach Rußland bestimmte XII. Armee nicht über den Strom zum Durchmarsch durch Bulgarien und anschließenden Angriff auf Griechenland übergesetzt werden konnte. Die Pionierführung erklärte, ohne Rückgang des Hochwassers und Abzug des Treibeises diese Wasserwüste weder durch Brücken, erst recht nicht mit Fahrzeugen überwinden zu können, wie es die Entwicklung der Lage auf dem Balkan, insbesondere seit dem unvorhergesehenen Umschwenken in Jugoslawien und die Besetzung Griechenlands durch britische und mit diesen verbündete Truppen aus Australien und Neuseeland so dringlich gemacht hatte.

Die starken deutschen Kräfte, die in Rumänien ebenfalls

schon unter großen Schwierigkeiten wegen des strengen Winters, der miserablen Straßenverhältnisse und aufgeweichten Flugplätze bereitgestellt worden waren, wurden erst mit etwa 4-wöchentlicher Verspätung nach Rückgang des Hochwassers „planmäßig" übergesetzt, und zwar zunächst zum Durchmarsch durch Bulgarien und anschließenden Angriff auf Griechenland unter Belassung namhafter Kräfte in Rumänien für einen schon terminmäßig überfälligen Angriff auf Rußland. Angesichts der Notwendigkeit, gegen Jugoslawien vorzugehen, wurde die Armee geteilt und mit allen verfügbaren Kräften auf die beiden Kriegsschauplätze Griechenland und Jugoslawien aufgeteilt.

Die durch das Donauhochwasser verursachte 4-Wochen-Verzögerung hat sich im weiteren Verlauf des Krieges mit Sicherheit auch auf das Unternehmen „Barbarossa", den Überfall auf Rußland, negativ ausgewirkt und vielleicht waren es gerade diese 4 Wochen, die gegen Ende des Jahres unserer Heeresführung fehlten und die schrecklichen Winterverluste vor Leningrad und Moskau brachten. Hitler hatte offenbar übersehen, Petrus zum Beitritt in den Dreierpakt einzuladen.

Von diesen militärischen Zwängen wußten wir auf der „Unteren Etage" allerdings zunächst nichts oder ahnten sie nur. Wie ich heute weiß, wußten selbst Divisionskommandeure während des Krieges nicht viel mehr, als was mit ihrer eigenen Division geschah! Wir flogen eifrig und mit Elan Materialien und Soldaten an Brennpunkte in diesem Südosteuropäischen Raum und lernten diesen dabei ganz gut kennen, soweit dies aus der Luft möglich ist. Es störte uns wenig, wenn wir gelegentlich durch Maschinengewehrfeuer versprengter Jugoslawen Durchschuß-Treffer in unsere JU 52 bekamen. Meist stellten wir diese Einschüsse erst nach der nächsten Landung fest. Lebenswichtige Stellen wurden an meiner Maschine dabei erfreulicherweise nie getroffen, wenn auch eine JU der Gruppe auf diese Weise abgeschossen wurde. Britische Jagdflugzeuge kamen nie zu Gesicht: die Luftwaffe hatte mit dem Richthofen-

Geschwader eine starke Luftposition aufgebaut und beherrschte zu dieser Zeit den Raum Südost unbestritten.

Ich möchte hier eine Lobpreisung der guten „Tante JU" einflechten: lange genug kannte ich sie, schon aus meiner aktiven Militärzeit. Damals hatten die guten JU's bei der Besetzung des seit dem Versailler Vertrag entmilitarisierten Rheinlandes durch die deutsche Wehrmacht eine „Frieden-bringende" Rolle gespielt: Frankreich ließ sich von einem an sich erwogenen Gegenschlag gegen diese offenkundige Verletzung des Friedensvertrages durch Hitler abbringen, weil einige JU 52 als angebliche Bomber bereitstanden, obwohl eine deutsche Luftwaffe damals weder offiziell vorhanden noch irgendwie ernsthaft einsatzbereit war. Auch eine Luftwaffe war Deutschland im Versailler Vertrag verboten worden. Übrigens war die völlige, wenn auch 1918 erzwungene Abrüstung des Deutschen Reiches in der Luft andererseits für Frankreich Anlaß, seinerseits auf eine schlagkräftige und moderne Luftwaffe zu verzichten. Beim Einmarsch nach Frankreich 1940 staunten wir nicht wenig über die alten Kisten, z.T. noch aus dem 1. Weltkrieg stammend, die auf den französischen Flughäfen meist verbrannt herumlagen. Ein Stück aus einer Tragflächenbespannung, die aus überlackiertem Leinen bestand, ziert heute noch mein Foto-Album über den Frankreich-Feldzug als Einband.

Das Ganze ein schönes Beispiel, wie man eine Hochrüstung vermeiden könnte!

Die JU 52, ein dreimotoriges Propeller-Flugzeug aus Aluminium-Wellblech mit BMW-Motoren, war einfach zu fliegen und technisch ziemlich unempfindlich. Ihre Fluggeschwindigkeit von 180-200 km/h war zwar nach heutigen Begriffen mehr als bescheiden, dafür machte ihre sehr geringe Landegeschwindigkeit von 80-100 km/h es andererseits möglich, daß die JU auch auf kleinen Feldflugplätzen landen und starten konnte, eine Eigenschaft, die uns vor allem in Griechenland sehr zustatten kam. Zahlreiche Landungen in Larissa, Elephterion,

Ploesti-Strejnice, Plovdiv-Kumono, Goljamo-Konare vor allem später auf Kreta wären mit rasanteren Flugzeugen nicht möglich gewesen.

Die Gipfelhöhe der JU war beschränkt, beim probeweisen Überfliegen der Gipfel der Karpathen z.B. fingen die guten Tanten bei ca. 4.500 m über NN zu schwimmen an – ein einigermaßen ungutes Gefühl. Die JU 52 galt als das sicherste Flugzeug der damaligen Zeit. Auch Hitler flog lange Zeit ausschließlich mit der JU 52. Sein Leib-Flugzeugführer Hans Bauer war geradezu ein JU-52-Spezialist. Der Flugzeugrumpf war recht geräumig und für Transporte gut geeignet. Bei Fallschirmjäger-Einsätzen hatten wir meist 12-14 Springer und 4-6 Verpflegungsbomben mit Munition, Sanitätsgerät und Verpflegung an Bord, die gleichzeitig mit den Springern an Fallschirmen abgesetzt wurden. Gelegentlich wurden wir auch – wenn es brandnotwendig war – mit 5-6 300l-Fässern mit Benzin beladen, obwohl der Transport selbst (je nach Strecke) wohl mehr Treibstoff verbrauchte als die Ladung darstellte.

Ich persönlich „reiste" meist recht „feudal": 4 Gegenstände konnte ich immer, solange ich beim Fliegenden Personal war, mitnehmen: 1. Eine aus Fallschirmleinen von meinem Freund, dem Fischermeister J. Höfling aus Lohr a.M. gestrickte Hängematte. Die relativ dünnen und leichten, aber äußerst reißfesten Seidenschnüre ließen diese Hängematte auf kleinstem Raum zusammenrollen und in einem Leinensäckchen nahm sie nicht mehr Platz ein als ein Kommissbrot. Diese Hängematte hat mir oft zu einem guten Schlaf im Flugzeug verholfen, natürlich nicht während des Fluges, sondern auf abseitig liegenden Einsatzflugplätzen ohne entsprechende Unterkünfte. Besonders praktisch war sie auch, wenn wir z.B. bei Verlegungen oder Flugzeug-Übernahmen mit der Bahn fahren mußten: die Hängematte quer-diagonal durch das Abteil gespannt und an den Gepäck-Gerüsten befestigt, störte kaum die Mitfahrenden in den meist überfüllten Militärzügen, im Gegenteil machte ich beim Liegen sogar einen Sitzplatz frei. Dies dämpfte wohl auch den Neid der „Besitzlosen" und ich fand trotz dieser Extratour immer nur Anerkennung und Beifall.

2. Ich hatte immer im Rucksack ein ganz kleines Kissen dabei, auch später als Bewährungssoldat in Rußland und anderswo. Dieses kleine Schmusekissen war nicht nur eine sehr angenehme Kopfunterlage, sondern erinnerte mich immer wieder an das heimatliche Bett im Schlafzimmer, von dem ich dann allerdings nur träumen konnte.

3. Das dritte „Requisit" war ein Primus-Kocher und ein Camping-Kochgeschirr mit Pfännchen, Pfeiftopf und Topf – alles in Miniaturausgabe. Ich war in der Staffel bekannt, um nicht zu sagen berüchtigt dafür, daß es in der „Dora" (9 P-DW) fast immer ein warmes Mittagessen gab, wenn wir längere Flugzeiten über den Tag absolvieren mußten, die gelegentlich recht langweilig werden können. In solchen Fällen kochte ich – natürlich wieder völlig unvorschriftsmäßig wegen des offenen Feuers – für die Besatzung meist Eierspeisen, heißen Tee oder Nudel-Mixspeisen, wobei die Nudeln meist am Vortag schon vorgekocht waren. Die eintönige Flieger-Schokolade-Ernährung war dadurch etwas angereichert. Mein Pilot sah das anfangs gar nicht gern, wenn ich mit meinem Koch- und Feuerzauber am Boden des Rumpfes anfing. Aber solange das Benzin und Petroleum nicht umgestoßen wurde, konnte eigentlich nichts passieren und in der Tat ging es immer gut.

4. Die Krone meiner „Feudalwirtschaft" war aber ein Fahrrad, das ich mitführte. Es hatte mich schon immer geärgert, daß wir Fliegendes Personal nach der Landung auf einem meist großflächigen Flugplatz und nach dem Abstellen, oft auch Verankern der Maschinen weite Strecken bis zu den Unterkünften zu Fuß zurücklegen mußten. Dies war besonders anstrengend im Winter bei Schnee und Matsch oder auch bei großer Wärme wie in Griechenland mit Kombination und in den schweren Fell-Fliegerstiefeln.

Kein Mensch dachte daran, uns etwa mit einem kleinen VW-Kübelwagen abzuholen und über das Flugfeld zu fahren. Aber ich wußte Rat: nur ein Fahrrad konnte helfen! Gesagt, getan: das alte Fahrrad kam mit auf die Reise, an der Decke des Rumpfes festgezurrt. Die ovalen Aussparungen in den Rippen des Rumpfes waren dafür sehr gut geeignet. Bei „scharfen" Einsätzen ging das natürlich nicht, aber immerhin gelang es mir nach solchen immer wieder und irgendwie zu meinem Radl zu kommen, auch wenn wir öfters bei der Landung einen anderen Flugplatz anflogen als den, von dem wir gestartet waren. Die Fahrrad-Tour hatte erst ein Ende, als meine „Dora" neben dem Flugplatz Topolia abschmierte und zerschellte. Dies war übrigens der erste und einzige Start der „Dora", bei dem ich nicht mitgeflogen war, sonst würde ich diese Zeilen nicht mehr schreiben können.

# Der Feldzug in Griechenland 1941.
## Das Unternehmen „Marita".

Die im Süden und Osten Bulgariens bereitstehende XII. Armee unter Gen. Feldmarschall List mußte ihre Operationspläne zur Besetzung Griechenlands und Vertreibung der Briten von dort ändern, weil durch die Vorgänge in Jugoslawien die deutsche westliche Flanke durch jugoslawische Truppen bedroht war. Die Zusammenarbeit zwischen Griechen und Jugoslawen war offenbar schlecht, oder sie erkannten diese Chance nicht; denn am 17. April kapitulierte die jugoslawische Armee ohne einen Stoß aus dem südlichen Landesteil gegen die Flanke der deutschen Armee geführt zu haben, wie Hitler befürchtet hatte. Die griechischen Truppen standen in erheblicher Stärke – angeblich 200.000 Mann – in Albanien gegen die verhaßte italienische Invasionsarmee und bildete eine zusätzliche Bedrohung.

Der „Panthersprung" Mussolinis über die Adria, „sein" mare nostro, nach Albanien trug ihm neben anderen Schachzügen in der Ägäis den unversöhnlichen Haß der Griechen zu. Das ging so weit, daß griechische Freudenmädchen – wie einmal im Hafen von Korinth beobachtet – italienische Soldaten, die sich unter dem späteren Schutz durch deutsche Truppen in Griechenland aufhielten und als Besatzungstruppen vorgesehen waren, nicht empfingen, im Gegensatz zu den willkommenen deutschen Landsern. Es geht doch nichts über ein gesundes National-Bewußtsein!

Es ist mir bis heute und schon lange unbegreiflich, daß die Griechen im allgemeinen uns Deutsche nicht mögen und sich im Krieg so heftig gegen uns stellten, obwohl doch das Deutsche Reich bzw. die Deutschen Länder s.Z. an der Befreiung Griechenlands vom jahrhundertelangen Türkischen Joch im vorigen Jahrhundert so großen Anteil hatte, Deutschland für die griechische kulturelle Wiederherstellung so viel getan hat durch Ausgrabungen und Rekonstruktionen, Einrichten von Museen u.a. (Olympia, Tempel bei Bassai, Nationalmuseum, Parlamentsgebäude). Der 1. griechische König Otto war ein Deutscher, ein Wittelsbacher. Die griechische Flagge ist nach bayerischem Vorbild bis heute weiß-blau! Wenn man auch heute noch sogar einen gebildeten Griechen nach diesen Dingen fragt, muß man leider oft völlige Unkenntnis feststellen. Dabei war der deutsche Philhellenismus sicherlich nicht nur eine damalige Modeerscheinung, sondern echtes Interesse an der griechischen antiken Kultur und kam aus dem Herzen.

Ab dem 6. April 41 lief der Vormarsch in Griechenland durch Bulgarien zügig ab. Die griechischen Truppen in Macedonien und Nordgriechenland wurden trotz tapferer Gegenwehr und guter Befestigungen (Metaxas-Linie) zurückgeschlagen, was ausschließlich der Tapferkeit unserer Soldaten, vor allem der Gebirgsjäger und er überlegenen militärischen Führung zu verdanken ist.

Die ab Anfang März 41 nach Griechenland verlegten britischen, neuseeländischen und australischen Truppen konnten die Unterlegenheit der griechischen Truppen nicht ausgleichen und wurden ebenfalls besiegt. Der zunächst erbitterte Widerstand des britischen Expeditionskorps nördlich des Olymp wurde in kurzen 3-tägigen, aber schweren Kämpfen gebrochen: dann lag unseren Truppen die große Fläche bis Lamia offen!

Der Vormarsch war so zügig, daß unser Nachschub bei den miserablen Wegeverhältnissen über diese weiten Strecken nicht mehr voll funktionierte und als den Panzern gelegentlich der Treibstoff ausging, erhielten wir mehrmals den Befehl, solchen über die Flugplätze Larissa, Plovdiv, Saloniki u.a. nachzuschaffen: dieser Flugballast war uns natürlich wegen seiner hohen Explosionsgefahr recht wenig sympathisch, wie man sich denken kann, und wir atmeten jedesmal erleichtert auf, wenn die Fässer wieder aus dem Flugzeug waren.

Bei solchen Flügen wurde auch meine Maschine, die „Dora" (9 P-DW) mehrmals von Maschinengewehrgeschossen getroffen, doch ohne größeren Schaden anzurichten. Die Einschußlöcher wurden bei der nächsten Kurzüberholung schnell wieder geschlossen. Diese primitive Luftabwehr stammte wahrscheinlich von versprengten britischen oder griechischen Einheiten im Gebirge. Eine moderne Flugabwehr hatten die Griechen überhaupt nicht. Das britischen Expeditionskorps hatte nun im weiteren Verlauf des Feldzuges die Absicht, an den aus dem Altertum als Abwehrstelle einer feindlichen Invasion bekannten Thermopylen eine ernsthafte Widerstandslinie aufzubauen, vor allem auch deshalb, um für die schon bestehende Absicht einer Evakuierung Griechenlands Zeit zu gewinnen.

Der britische General Wavell hatte zunächst die Hoffnung gehabt, die deutsche Armee an den Thermopylen endgültig zum Stehen zu bringen, vor allem aus dem Grunde, weil er angesichts der deutschen Luftüberlegenheit in der Ägäis um die Sicherheit Ägyptens und Nordafrikas besorgt war und uns der Besitz ganz Griechenlands und womöglich Kretas weiteres Übergewicht in diesem strategisch für so wichtig gehaltenen Raum gesichert hätte. Aber ebensowenig, wie es im klassischen Altertum den Griechen gelungen war, den Erbfeind Perser an den Thermopylen aufzuhalten, gelang es auch diesmal den Briten nicht, eine neue „unsterbliche Waffentat" Wirklichkeit werden zu lassen (Zitat aus dem britischen Tagesbefehl).

Die militärisch interessante Tempe-Schlucht war ebenfalls innerhalb 3 Tagen von unseren Soldaten erobert worden: so erfolgte am 24. April die Kapitulation Griechenlands, dessen König und Regierung weiteren schweren Kämpfen und Verlusten ausweichen wollte, um den Verwüstungen des Landes ein Ende zu setzen. König und Regierung wurden von den Briten zunächst nach Kreta, später nach Ägypten gebracht.

Die Evakuierung von über 41.000 Mann aus Griechenland

durch die Royal Navy war eine militärische Meisterleistung, weil sie bei eindeutiger Luftüberlegenheit der deutschen LW nur nachts vorgenommen werden konnte. Die eilig nach der Südküste des Peloponnes drängenden Briten erhielten dadurch noch eine Schnaufpause, weil die von unseren Fallschirmjägern schon im Handstreich in Besitz genommene Brücke über den Kanal von Korinth noch durch einen Zufalltreffer in die zur vorbereiteten Sperrung der Brücke angebrachte Sprengladung in die Luft flog und in die Tiefe stürzte – mitsamt den schon auf der Brücke stehenden und sich ihres Erfolges freuenden Fallschirmspringern. Wer je den fast senkrechten, tiefen Einschnitt des Kanals von Korinth in den Fels gesehen hat, wird mir glauben, daß diesen Brückensturz keiner dieser Soldaten überleben konnte.

Wir hatten am 26.4. den Befehl erhalten, Lastensegler und Fallschirmjäger gleichzeitig nördlich und südlich der Brücke abzusetzen. Dieser schon beinahe exerziermäßige Einsatz gelang ganz nach Plan mit geringem Aufwand, bis eben das unglaubliche Pech der nachträglichen Sprengung der Brücke den Erfolg zunichte machte. „Im Krieg braucht man 3 Dinge: Geld, Geld und nochmals Geld!" hatte ein großer Stratege gesagt. Man könnte aber auch sagen: „Zum Sieg braucht man 3 Dinge: Glück, Glück und nochmals Glück!" Aber das Glück ist bekanntlich launisch und bleibt nicht einfach im Kasten liegen wie Goldstücke.

Wenn dieses Debakel mit der strategisch so wichtigen Brücke nicht eingetreten wäre, wären mit Sicherheit größere britische Truppeneinheiten in Gefangenschaft geraten und der alsbald danach entbrannte Kampf um Kreta wäre wohl etwas leichter gewesen; denn die aus Griechenland evakuierten britischen Truppen wurden größtenteils zur Verstärkung nach Kreta gebracht, ohne daß dies von unserer Heeresführung bemerkt worden ist. Auch die große Zähigkeit und Tapferkeit, mit der diese Truppen auf Kreta kämpften, war eine

Überraschung, nachdem dieselben Einheiten in Griechenland selbst sich so schnell und zügig zurückgezogen hatten. Ob das Wissen, auf einer steinigen Insel ohne Infrastruktur sein Leben so teuer als möglich verkaufen zu sollen, ihre Kampfmoral so sehr gehoben hat? Wer mag es wissen?

Von den im Evakuierungseinsatz stehenden britischen Seestreitkräften, 6 Kreuzern und 19 Zerstörern wurden vor Nauplia 2 Zerstörer durch Stuka-Angriffe mit insgesamt 700 Mann versenkt: sie hatten sich bei der Übernahme von Flüchtenden am Morgen verspätet.

Churchill gibt in seinen Memoiren folgende Zahlen an: In Griechenland waren eingesetzt 53.000 Mann. Davon wurden 26.000 nach Kreta gebracht, rd. 15.000 nach Ägypten (zur Verstärkung der strategischen Reserve für Nordafrika) evakuiert und rd. 12.000 fielen oder gerieten in deutsche Gefangenschaft: schwere Opfer also, die von Großbritannien für die Freiheit Griechenlands und eine erstrebte günstige Position im östlichen Mittelmeer gebracht wurden.

Der Verlust Griechenlands wurde vom amerikanischen Präsidenten Roosevelt – der damals schon seinen englischsprechenden Freunden jede erdenkliche Hilfe gewährte ohne schon im „offiziellen" Kriegszustand mit Deutschland zu sein – so kommentiert: „... auch noch weitere notwendig werdende Rückzüge sind doch nur Bestandteil eines strategischen Planes, der in diesem Stadium des Krieges die britischen Linien verkürzt, die Achsenlinien ausdehnt und so den Feind (!) zwingt, Mannschaften und Material in großem Umfang zu verausgaben ... Die Seeherrschaft über den Indischen und den Atlantischen Ozean muß den Krieg mit der Zeit entscheiden". Wir in der „unteren Etage" wußten natürlich von diesen weltstrategischen Vorgängen bzw. Gedankengängen nichts. Wir waren stolz auf den erfolgreichen Feldzug in Griechenland und freuten uns über die hervorragenden Ausrüstungsstücke, die uns die britischen Truppen bei ihrer Flucht hinterlassen hatten, vor allem gute

Zelte und Zeltausrüstungen, z.B. Feldbetten und Moskitonetze. Damals bekam ich zum 2. Mal (nach dem Feldzug in Frankreich) einen Begriff davon, wie ärmlich der deutsche Soldat mit seiner Zeltplane, Brotbeutel und Kochgeschirr etc. ausgestattet war, Mängel, die sich dann schon im kommenden kalten Winter 41/42 in Rußland zur Katastrophe auswirken sollten. Niemals hätte eine britische oder amerikanische Heeresführung ihre Soldaten in ledernen Knobelbechern (Stiefeln) und dünnen Tuchmänteln in einen russischen Winter marschieren lassen! Als der Mangel dann endlich erkannt wurde und durch eine Art Winterhilfs-Sammlung gutgemacht werden sollte, war es schon zu spät: Der Winter mit seiner enormen Kälte brachte den deutschen Vormarsch vor Leningrad und Moskau zum Stehen. Das Schicksal Napoleons hätte eigentlich jedem denkenden Menschen als Warnung vor Augen stehen müssen; aber „wen die Götter verderben wollen, den schlagen sie mit Blindheit", sagten schon die alten Griechen.

# Die Schlacht um Kreta
## 20.05.1941 – 01.06.1941

Nach der Kapitulation der griechischen Truppen und der Eroberung Griechenlands, die die Vertreibung der dort zur Unterstützung der Griechen operierenden britischen Armee einschloß, war zunächst eine kurze Atempause eingetreten und niemand in der „unteren Etage" wußte, wie es weitergehen sollte und welches militärische Ziel das nächste sein würde. Man wußte, daß Rommel seinen Blitzfeldzug durch Nordafrika und die Cyrenaika wegen der Stärke der britischen Abwehr in Tobruk hatte stoppen müssen, und es lag nahe, diesem die dringend notwendige Verstärkung in irgendeiner Form zuzuführen. Wir rätselten, ob der nächste Fallschirmjägereinsatz nach Tobruk, Malta oder Ägypten zielen würde, an Kreta dachte zunächst niemand, denn Kreta war (und ist) recht unzugänglich, hatte weder gute Flugplätze noch Häfen für große Schiffe, das steinige Land mit dem hohen und steilen Ida-Gebirge war wenig „einladend" für Fallschirmlandungen. Schon beim an sich glatt verlaufenden letzten Springereinsatz am Isthmus von Korinth gab es wegen des steinigen Geländes mehrere Landeverletzte. Auch aus strategischer Sicht war m.E. der Besitz Kretas nur dann von Wichtigkeit, wenn von dort aus oder wenigstens ohne eine eventuelle Bedrohung zur See oder aus der Luft aus dem Inselbereich heraus groß angelegte weitere militärische Operationen geführt werden würden mit dem Ziel, die Briten in Ägypten auszuschalten, den Suez-Kanal zu besetzen und sich über Palästina hinweg Syriens zu bemächtigen; Syrien als ehemaliges französisches Protektorat war mit Vichy-Frankreich nur mehr lose verbunden und fiel dann auch kurze Zeit nach dem Abenteuer Kreta mit geringstem Aufwand an Soldaten und Material den Briten in den Schoß, nachdem Deutschland hier wegen der enormen Verluste auf Kreta passen mußte.

Für die Briten erschien Kreta von großer strategischer Bedeutung, weil die britische Militärflotte mit der Sudabucht im NO Kretas als Stützpunkt und Nachschubbasis u.a. die Seeherrschaft im östlichen Mittelmeer leichter hätte aufrechterhalten können und auch der Insel Malta einen wirksamen und wichtigen Schutz gewähren konnte. Dieser Schutz war deswegen von so großer Bedeutung, weil vor allem von Malta aus der deutsche Nachschub nach Nordafrika zu Rommel wirksam gestört werden konnte und auch tatsächlich schmerzlich gestört worden ist.

Die britische Flotte war nun außer von Griechenland aus auch von Rhodos mit seinen guten Flugplätzen her durch unsere Bomber und Stukas gefährdet und in der Tat war im östlichen Mittelmeer unsere Luftwaffe überlegen und recht erfolgreich. Rhodos war bekanntlich von den Italienern – damals noch unseren Verbündeten – besetzt worden.

Um Kreta zu halten, gegen Rommel ein Gegengewicht zu haben und eventuell Rhodos zu erobern (was das „Traumziel" der Briten in diesem Bereich gewesen wäre), wurden in Ägypten erhebliche britische Truppen gesammelt, nicht nur solche aus England selbst, sondern auch aus Australien, Neuseeland und sogar Südafrika. Diese Truppen wurden zum Teil durch den Suez-Kanal, zum Teil durch das den Italienern wieder abgenommene „Imperium Romanum" Äthiopien, italienisch Somaliland und Erythräa geschleust. Aus diesen Schachzügen sieht man, wie wichtig eine Verstärkung der Rommel-Armee gewesen wäre. Ein britischer Sieg auf Kreta hätte zusätzlich starke Rückwirkungen auf die Weltkriegslage gehabt, vor allem auf die Behauptung des Niltales und des Suezkanals. „Rommel ante Alexandria" war wohl das Schreckgespenst der Briten.

Wie schon dargelegt, ist aber aus dem Sieg auf Kreta nicht der entsprechende Schluß gezogen worden oder konnte nicht weiter ausgewertet werden, weil unterdessen das Unternehmen „Barbarossa" – der Angriff auf Rußland – lief.

Eine Verstärkung der britischen Truppen auf Kreta erfolgte trotz der angesammelten Reserven in Ägypten zunächst kaum, zum Teil aus Nachlässigkeit, wegen der Unzulänglichkeit der kretischen Südküste bei fehlender Infrastruktur der Insel und wegen der deutschen Luftüberlegenheit von Norden her. Lediglich die von unserer Armee aus Griechenland vertriebenen britischen Truppen, immerhin ca. 30.000 Mann, wurden (wie der griechische König und seine Regierung) zunächst nach Kreta gebracht.

Ab Ende April wurde deutscherseits der Angriff auf Kreta vorbereitet: das XI. Fliegerkorps mit der gesamten Fallschirmjäger- und Luftlandetruppe stand in Bereitschaft. Es war nur die eine 7. Luftlande-Division unter General Student existent, was aber die Briten nicht wußten, die vielmehr mit 2-3 Divisionen rechneten. Außerdem war die Landung der 5. Gebirgs-Division geplant (später verstärkt durch Teile der 6. Gebirgs-Division und Infanterie), für die viele kleine Schiffe (Kaikis) in den griechischen Häfen bereitgestellt wurden. Alle größeren Schiffe hatten die Briten bei ihrem Rückzug aus dem Festland Griechenland verschleppt.

Die Besetzung zahlreicher griechischer Ägäis-Inseln durch unsere Truppen in der Endphase der Kämpfe in Griechenland mittels solcher Kaikis, die ohne jede Sicherung auf See übergesetzt worden waren, war ohne Zwischenfälle gelungen. Dies war aber nur möglich gewesen, weil die britische Militärflotte zu dieser Zeit zur Vermeidung weiterer Verluste durch unsere Luftwaffe nach Ägypten zurückgezogen war.

Selbstverständlich konnten unsere Vorbereitungen für Kreta den Briten nicht verborgen bleiben und sie erwarteten den deutschen Angriff wohl mit recht gemischten Gefühlen. Sie kannten genau die bereitgestellten Truppen und vor allem die Stückzahlen der deutschen Flugzeuge. Churchill rühmt in seinen Memoiren: „Zu keinem Zeitpunkt des Krieges zeigte sich unser Nachrichtendienst so genau und wahrheitsgetreu." Zu deutsch:

Der Angriff gegen Kreta sowohl von der Luft wie von der Seeseite her war bis ins Detail verraten und dem Gegner genau bekannt. Deutsche Fallschirmjäger, die sich auf Kreta ergeben mußten, weil ihre Munition verschossen war und der Nachschub zunächst stockte, wurden von den Briten gefragt, „ob das die deutsche Pünktlichkeit sei, sie seien gegenüber ihrer Planung um 1/4 Stunde zu spät gekommen!"

Diese Verspätung war tatsächlich eingetreten, weil die unglaubliche Staubentwicklung beim Starten von den griechischen Einsatzflughäfen einen staffelweisen Abflug nicht erlaubte, sondern höchstens kettenweise (3 Flugzeuge) gestartet werden konnte und die nachkommenden Ketten jeweils warten mußten, bis sich die Staubwolken wieder verflogen hatten. Dadurch ging wertvolle Zeit und Treibstoff verloren. Eine Wassersprengung durch Sprengwagen aus Athen am Abend vorher hatte sich bis zum Morgen als unwirksam erwiesen.

Das britische Hauptquartier in Kairo (von dort wurde durch General Wavell auch der Kampf um Kreta geleitet) hatte zunächst die Absicht, Kreta auf jeden Fall zu halten. Die durch etwa 30.000 aus Griechenland evakuierte Mannschaften verstärkten Briten waren moralisch gut und ihre Kampfbereitschaft und Tapferkeit setzte selbst unsere hervorragend ausgebildeten und trainierten, todesverachtenden Fallschirmjäger in Erstaunen, weswegen dann auch die Verluste auf beiden Seiten so fürchterlich waren.

Ein schon aus dem 1. Weltkrieg als Draufgänger bekannter General Freyberg befehligte die Neuseeländischen Truppen auf Kreta und hat dann später das Kommando für die gesamte Verteidigung Kretas erhalten, übrigens auf Betreiben Churchills. Eine ausschlaggebende Verstärkung der britischen Truppen auf Kreta durch ihre Seestreitkräfte wurde durch den Einsatz unserer Bomber weitgehend auch nach Beginn der Schlacht vereitelt.

Die Situation für die Verteidigung Kretas durch die Briten war demnach für diese recht bedenklich, zumal am 19. Mai

1941 noch alle auf der Insel vorhandenen Flugzeuge nach Ägypten überführt wurden, um sie nicht der Vernichtung durch deutsche Bomber auszusetzen. Für unsere langsamen Transportflugzeuge JU 52 war das ein großer Glücksfall; denn die wendigen schnellen Spitfires hätten uns wie die Hasen auf der Treibjagd abschießen können.

Dazu möchte ich bemerken, daß unsere westlichen Gegner immer wieder ihre Truppen rechtzeitig zurückzogen, wenn eine Lage hoffnungslos wurde, wie sie schon aus Griechenland etwa 30.000 Mann unter Zurücklassung reichlichen Waffen- und Ausrüstungsmaterials evakuiert hatten. Sie konnten diese dann zunächst auf Kreta zur Verstärkung einsetzen und später nach Ägypten zurückziehen, um Rommel zu stoppen (was ihnen dann auch gelang). Es wurde also britischerseits nicht nach deutschem Muster bis zum letzten Mann und bis zur letzten Patrone gekämpft. „Ohne Rücksicht auf Verluste" sagt man dazu im Militär-Jargon.

Die großangelegte Luftlandeunternehmung – die erste und in dieser Form und Stärke bis dort einzige Luftlandeaktion der Weltgeschichte – begann am frühen Morgen des 20. Mai 1941. Schon lange vor Morgengrauen waren die Kaiki-Geleitzüge mit Gebirgsjägern wegen der geringen Marschgeschwindigkeit dieser „Kähne" in See gegangen, ohne jeden ernsthaften Schutz aus der Luft und mit einem fragwürdigen zur See durch zwei italienische Zerstörer, die beim Herannahen der britischen Kriegsschiffe prompt abdrehten. Es kam, wie es kommen mußte: Die aus Ägypten wieder ausgelaufene britische Flotte vernichtete alle diese mit Gebirgsjägern voll gepfropften Schiffe, die sowieso und ohne jede schwere Waffe an Bord gegen diese starken Kriegsschiffe völlig wehrlos waren und mit ihren Besatzungen restlos untergingen.

Als wir vom Flugplatz Topolia mit einiger Verzögerung wegen der unerhörten Staubentwicklung beim Start im Kettenverband mit unseren Fallschirmjägern an Bord gestartet waren und in niedrigstmöglicher Höhe (5 m) über dem Wasser das Meer überflogen, sahen wir nach einiger Zeit die britische Flotte vor Kreta liegen und beim Anblick dieser Schiffsriesen wurde uns doch der Mund einigermaßen trocken. Wie man später erfuhr, bestanden die britischen Seestreitkräfte hier aus 2 Schlachtschiffen (die beide durch Bomber schwer beschädigt wurden), 10 Kreuzern (von denen 3 versenkt wurden) und mindestens 30 Zerstörern (von denen 4 versenkt wurden). Für diese starken und mutig geführten Kriegsschiffe war es geradezu ein Scheibenschießen, die mit unseren Soldaten vollgepackten griechischen Schiffchen zu versenken und es ist auf dem Seeweg kein einziger deutscher Soldat nach Kreta gelangt, solange die Kämpfe dort andauerten, dagegen schätzungsweise 5.000 versenkt worden und ertrunken. Die genaue Zahl ist nie festgestellt worden. Es war wohl übersehen worden, daß die Ausgangslage zur See nach der vorhergegangenen reibungslosen Besetzung mehrerer griechischer Ägäis-Inseln durch den nunmehrigen Einsatz der Navy eine völlig andere geworden war. Unsere Aufklärung und unser Nachrichtendienst müssen offenbar geschlafen haben, sonst hätte man dieses Risiko und die vorhersehbare sinnlose Vernichtung des Anlandekorps doch wohl vermieden.

Diese schrecklichen Vorgänge spielten sich zum großen Teil schon in der Nacht vom 19./20. Mai ab und es war für uns schaurig, sehen zu müssen, wie diese leichtsinnig aufs Spiel gesetzten Soldaten tot oder ertrinkend in der See trieben. Niemals werde ich den Anblick der mit grellgelben Schwimmwesten bekleideten, in der See schwimmenden Soldaten vergessen, denen wir so gerne geholfen hätten und die wahrscheinlich Rettung von uns, die wir so niedrig über sie wegflogen, erhofften.

Die extrem niedrige Flughöhe hatte den Grund, um Angriffe von Jagdflugzeugen auf uns unmöglich zu machen oder wenigstens zu erschweren; denn der schnell fliegende Jäger muß nach dem Beschuß freie Flugstrecke vor sich oder unter dem

„Feindobjekt" hindurch haben, um eine Kollision in der Luft zu vermeiden. Außerdem waren wir auf dieser geringen Flughöhe kaum zu sehen, weil die Erde bekanntlich eine Kugel ist und niedrige Objekte in entsprechender Entfernung unter der Kimme verschwinden. Wir wußten damals noch nicht, daß der britische Flugzeugträger „Formidable" schwer beschädigt und nicht mehr im Einsatz war.

Bei diesen, dem eigentlichen Kampf um Kreta vorausgehenden Aktionen, hat die britische Admiralität zwar ihre gesamte Flotte im östlichen Mittelmeer aufs Spiel gesetzt, um alle deutschen Landungsversuche von See her zu unterbinden und war damit ein hohes Risiko eingegangen: Ein „Spiel" mit höchstem Einsatz ebenso wie das der deutschen Kriegsführung im Falle Kreta. Das Duell zwischen der deutschen Luftwaffe und der britischen Militärflotte könnte man als „unentschieden" bezeichnen: Zwar hatte die Rojal Navy erhebliche Verluste an Schiffen und Personal erlitten, aber es hatte sich auch gezeigt, daß eine ganze Flotte allein durch Flugzeuge, auch wenn reichlich Stukas dabei eingesetzt waren, nicht leicht außer Gefecht gesetzt werden kann.

Wir haben uns oft und immer wieder gefragt, warum Hitler nach Dünkirchen nicht die Invasion nach England befohlen hat. Ausschlaggebend dürfte gewesen sein, daß es unsere Luftwaffe trotz der großsprecherischen Ankündigungen Görings nicht gelungen war, die Luftherrschaft über England zu erringen (die Luftschlacht über England 1940 ging bekanntlich verloren). Aber es mag gut sein, daß eine solche Invasion unterblieb; denn nach dem Verlauf der Ereignisse auf See beim Angriff auf Kreta, war es jedem aufmerksamen Beobachter klar, daß die deutsche Kriegsführung nur vage Vorstellungen von der Bedeutung einer Seemacht als Mittel einer Invasionsabwehr hatte, und im Falle einer ebenso tollkühnen Invasion nach England wie der nach Kreta hätte sich das Drama der Versenkung von Landtruppen, wie dies vor Kreta geschah, in unvorstellbar größerem Umfang im Kanal höchstwahrscheinlich wiederholt. Für eine Invasion Englands hätte allerdings gesprochen, daß bei der Evakuierung der britischen Expeditionsarmee aus Dünkirchen alle Waffen zurückblieben und die in England zitternd auf die deutsche Invasion wartenden Soldaten beinahe keine Waffen hatten und sehnlichst die Lieferung von versprochenen 150.000 Gewehren nebst Munition aus Amerika erwarteten. Pro vorhandenem Gewehr waren nach britischen Angaben 10 (!) Patronen vorhanden und die meisten Vaterlandsverteidiger hatten nur Spaten, Keulen (!) und Handgranaten zur Verfügung. Churchill schreibt dazu sarkastisch: „Es wurde erwogen, den Heimattruppen den Befehl zu geben, im Falle einer deutschen Invasion bis zum Tod um ihr Vaterland zu kämpfen. Dieser Befehl wurde dann aber wieder verworfen; denn mit was hätten diese Soldaten kämpfen sollen?" Eine Invasion wäre vielleicht geglückt, aber nur in unmittelbarem Anschluß, möglichst gleichzeitig mit den fliehenden Briten und unter wahrscheinlich vollständiger Aufopferung der deutschen Luftwaffe. Aber mit einer Besetzung Englands wäre der Krieg im Westen vielleicht doch beendet gewesen, die USA befanden sich zu der Zeit noch nicht im Krieg.

Obwohl ich persönlich nicht der Ranghöchste der in unserer Staffel fliegenden „Fallschirmjägerkampfbeobachter" (wie diese „schöne" Tätigkeitsbezeichnung lautete) war, hatte ich den Befehl bekommen, die Staffel zu führen und als Landeziel der Fallschirmjäger war der Flugplatz Malemes vorgeschrieben worden.

Da wir, wie schon dargelegt, äußerst niedrig über See flogen, um einer Sicht- und Radar-Erfassung und einem eventuell britischen Jägerangriff auszukommen, war der Überblick über die Flugroute sehr eingeschränkt, abgesehen davon, daß man über See keinerlei Anhaltspunkte für das „Franzen" (Navigieren nach Sicht) hat und der Anflug nur nach Zeit und Kompaß durchgeführt werden konnte. Bei solchen Flügen ist Voraussetzung für den richtigen Kurs das Wissen um Windrichtung und Windstärke. Diese für den Anflug wichtigen meteorologischen Daten waren aber, wie sich bald zeigen sollte, falsch angegeben worden. Trotzdem konnte ich kurz vor Kreta beim Überfliegen einiger kleiner Inseln den Kurs nach nur unbedeutender Korrektur halten und hoffen, das Absetzen der Fallschirmjäger ins Zielgebiet richtig durchzuführen.

Ich will nun eine Erläuterung des Absetzens von Fallschirmspringern geben, auch schon deswegen, weil wohl im Zeitalter der Hubschrauber solche großangelegten Luftlandeoperationen der Vergangenheit angehören, dem Vergessen aber vielleicht doch entrissen werden sollten: die erste Voraussetzung für ein richtiges Absetzen ist natürlich das möglichst frühzeitige Erkennen und Auffinden des Zielgebietes. Das setzt ein sehr genaues Kurskoppeln und Erkennen des Zielgebietes voraus, hier wie gesagt durch die geringe Flughöhe erschwert. Da die Fallschirmspringer aus 300 m Höhe abgesetzt werden müssen, zog ich bei Erreichen der Küste (der Flugplatz Malemes liegt ganz dicht am Strand) meine JU 52 Dora (und mit ihr automatisch die nachfolgenden Staffelmaschinen) auf 300 m NN hoch, um das Absprungzeichen zu geben. Dieses Kommando bestand für die Mannschaft in der eigenen Maschine zunächst in einem einfachen Hupton, der „Fertigmachen zum Sprung" bedeutete und auf den hin die Springer aufstehen, ihre Reißleinen mit einem Karabinerhaken in das an der Decke des Rumpfes gespannte Drahtseil einhaken und sich möglichst dicht beisammen an die Einstiegs- oder jetzt besser Ausstiegsluke aufreihen mußten. Die Türe war schon vor dem Start ausgehoben worden. Beim nachfolgenden doppelten Hupton mußten die Springer so schnell wie möglich im Hechtsprung aus der Maschine springen. Die Reißleinen, die die Fallschirme automatisch öffneten, bleiben am Drahtseil hängen und wurden anschließend vom Mechaniker in die Maschine hereingezogen. Gleichsinnig und gleichzeitig wurde von der Führungsmaschine aus eine rote Flagge aus der Kanzel gehalten – das war dann das Zeichen zum „Fertigmachen!" – und das ruckartige Einziehen der Flagge entsprach dem Kommando „Springen!" Diese „Flaggensprache" hatten wir schon in der Heimat geübt. Eine Funksprechverbindung, die heute selbstverständlich wäre, hatte es im Krieg noch nicht gegeben.

Eben als ich – in Sekundenschnelligkeit – die Zeichen zum Springen geben wollte, sah ich am aufsteigenden Rauch einer am Boden brennend liegenden Maschine, daß der uns bei der Startbesprechung mitgeteilte Wind in keiner Weise stimmen konnte.

Zum Verständnis des Absetzvorganges muß ich noch folgendes einflechten: Sobald der Fallschirmspringer die Maschine verlassen hat, wird der Schirm nach Öffnung mit dem in der Luft schwebenden Mann durch den Wind in dessen Richtung und Schnelligkeit abgetrieben, da er keine Eigengeschwindigkeit oder Antrieb hat. Für eine punktuell richtige Landung muß also der Wind durch entsprechendes, berechnetes Vorhalten ausgeglichen werden. Eine möglichst genaue Landung war vor allem für die 1. Angriffswelle von ausschlaggebender Bedeutung für den Erfolg, weil eine zu weite Entfernung vom Feind zu anstrengendem und natürlich gefährlichem Heranarbeiten gezwungen hätte und zu nahes Auftreffen dem Feind die ideale Möglichkeit gegeben hätte, den niederschwebenden Mann noch in der Luft – also noch wehrlos – abzuschießen. Dies ist auf Kreta übrigens leider recht oft vorgekommen.

Als ich bemerkte, daß der Wind anders als eingerechnet stand, war ich schon über dem Zielpunkt (es handelt sich natürlich bei etwa 100 km/h Geschwindigkeit nur um Sekundenbruchteile) und ich mußte mich entscheiden, entweder mit falscher Windrichtung abzusetzen und meine Fallschirmspringer in zusätzlich schwere Gefahr zu bringen oder abzudrehen und einen neuerlichen Anflug mit dem richtigen Wind (jetzt natürlich nur geschätzt) zu versuchen. – Ich entschloß mich zu letzterem, gab kein Absprungzeichen, sondern flog eine große Schleife auf See hinaus, mit den 8 Staffelmaschinen hinter mir. Beim folgenden 2. Anflug befahl ich dann das Springen.

Mein Flugzeugführer hatte zwar schon im Hinblick auf die Luftabwehr der Briten die Nase gerümpft, dann aber doch die Richtigkeit des Entschlusses offenbar eingesehen und einen zweiten, von mir vorgezeigten sauberen Anflug durchgeführt.

Durch dieses Manöver gelang es, die von unserer Staffel angeflogene Kompanie genau neben den Flugplatz Malemes zu plazieren und damit die Voraussetzung zur Bildung dieses, den Kampf um Kreta entscheidenden Brückenkopfes zu schaffen. Dies ist mir auch dienstlich anerkennend bestätigt worden.

Wie wir etwas später erfuhren, hatten andere Staffeln mit dem „anbefohlenen" Wind abgesetzt, mit dem Ergebnis, daß viele Fallschirmspringer ins Meer fielen und vollbepackt mit Waffen und Munition wie die Steine untergingen und ertranken. Der Wind wehte nämlich ziemlich kräftig seewärts, was bei der frühen Tageszeit und dem hohen und steilen Ida-Gebirge in Seenähe zu erwarten gewesen wäre. Ebenfalls später brachten wir in Erfahrung, daß die Meteorologen uns als Wind den vom Flugplatz bei Athen – natürlich genau gemessen! – mitgegeben hatten. O sancta simplicitas! – die aber in diesem Fall Hunderte von braven, tapferen Soldaten das Leben gekostet hat.

Nach dem Absetzen der 1. Angriffswelle kehrten wir sofort zu unserem Flugplatz Topolia zurück und brachten eine 2. Fallschirmjägereinheit als 2. Welle zur Verstärkung des Brückenkopfes nach Malemes.

Die in diesen wenigen Stunden persönlich erlebten schweren Mängel der Truppenführung, nämlich das Verschiffen wertvoller, aber nur leicht bewaffneter Fußtruppen (Gebirgsjäger) ohne Schutz über das trotz unserer Luftüberlegenheit von den britischen Streitkräften beherrschte Ägäische Meer über weite Strekken und das Versagen der Meteorologen ließen in mir schon damals unbeschadet der glänzenden Truppenführung bei den Kämpfen um Festland-Griechenland erhebliche Zweifel an der Qualität unserer Strategen aufkommen. Die Ausbildung und Schulung unserer Stäbe war sicherlich hervorragend und wahrscheinlich einmalig in der Welt, wie sich dies auch in den Anfängen des Unternehmens „Barbarossa" (Rußland) zeigte. Soweit außergewöhnliche Umstände auftraten, war die Erfahrung zu gering und der gesunde Menschenverstand Mangelware.

Daß ich so unvorsichtig war, diese Zweifel zu äußern, brachte mich einiges später in größte persönliche Gefahr, aber das ist ein anderes, späteres Kapitel.

Nach dem Absetzen der 2. Welle saßen wir zunächst in unseren Zelten (übrigens britischer Herkunft und entsprechend komfortabel) am Flugplatz und da in meinem Zelt ein Mann von der Kriegsberichterstattung mit uns hauste, der über einen Radio-Empfänger verfügte, warteten wir auf die fällige „Sondermeldung" des Deutschen Rundfunks, die wir nach der scheinbar gelungenen Operation, wie in solchen Fällen üblich, erwarteten.

Aber es kam keine!

Wir wußten zwar aus der Einsatzbesprechung vor dem Start, daß außer bei Malemes noch weitere Brückenköpfe durch starke Fallschirmjägereinheiten, darunter das berühmte Sturm-Bataillon Koch, gebildet werden sollten, so in Rethymnon, Canea und Heraklion. Welchen Erfolg diese Einsätze aber hatten, wußten wir nicht, ebenso wenig wie wir das ganze Ausmaß der Versenkung der Anlande-Truppen kannten. Das lange Schweigen des Deutschen Rundfunks ließ uns allerdings nichts Gutes ahnen.

Ich bin heute noch davon überzeugt, daß beim völligen Verlust Kretas die deutsche Öffentlichkeit nichts oder jedenfalls nicht die volle Wahrheit erfahren hätte, ebenso wie es heute noch weitgehend unbekannt ist, daß Tausende von Gebirgsjägern rücksichtslos und sinnlos in den nassen Tod geschickt wurden. – Endlich, am 3. Tag nach der 1. Luftlandung, kamen am 29. Mai Gebirgsjägereinheiten per Lkw zu uns auf den Flugplatz Topolia und wir erhielten den Befehl, diese Soldaten mit allem gerät nach Malemes zu bringen und sie dort zu landen. Das gelang auch verhältnismäßig gut, wenn auch die Landung und vor allem der nachfolgende Start auf dem noch immer unter Artillerie und Werferbeschuß liegenden sogenannten Flugplatz ein Kunststück und eine Nervenprobe für den Piloten war. Ich sage „sogenannter" Flugplatz: denn Malemes war eigentlich nichts anderes als eine eingeebnete und steinfrei gemachte Trockenwiese, auf der nur die gute „Tante JU", wie wir die Transportmaschine JU 52 nannten, mit ihrer sehr geringen Lande- und Startgeschwindigkeit zurechtkommen konnte. Beim Rückflug nahmen wir immer Verwundete mit, es waren aber wenige, die meisten starben den Heldentod, der hier auf Kreta wirklich einer war.

Immerhin lagen gegen Ende der Landeanflüge ca. 60 (die Briten sprechen von über 100) beschädigte, beschossene oder bruchgelandete JU 52 auf oder unmittelbar neben dem Flugplatz und machten jede weitere Landung zum Lotteriespiel. Wahrscheinlich gegen das Kriegsrecht zwangen wir Gefangene mit vorgehaltener Pistole, wenigstens den Mittelstreifen von Bruchmaschinen freizumachen, indem wir diese mit schweren Drahtseilen auf die Seite zerren und rücken ließen. An einem solchen Seil waren etwa 50-60 Mann „angespannt". Schließlich ging es aber um Leben und Tod unserer schwer kämpfenden Kameraden. Deren Verluste waren auch hier sehr groß: Ich habe es mir zur Gewohnheit gemacht, die Namen und Heimatanschriften der von mir zu Einsätzen geflogenen Soldaten zu notieren. Erstaunlicherweise habe ich die Aufschreibungen in den wirren Erlebnissen der folgenden Kriegsjahre nicht verloren und nach Kriegsende alle diese ca. 120 Kameraden angeschrieben. Von allen diesen bekam ich ein Lebenszeichen nur von einem einzigen Gebirgsjäger-Gefreiten;

von den Fallschirmjägern kein einziges. Die Gefallenen ruhen jetzt in einem beim Flugplatz Malemes angelegten und 1974 eingeweihten Heldenfriedhof.

Übrigens waren die Verluste an Flugzeugen noch dadurch vergrößert worden, daß manche Piloten sich durch die glatte Oberfläche des Sandes am Meeresstrand dazu verführen ließen, dort eine Landung zu versuchen. Diese Versuche schlugen natürlich restlos fehl, weil der feuchte Sand die Flugzeugräder nicht trug und die Maschinen entweder Kopfstand machten oder das Fahrwerk verloren und bruchlandeten.

Die für beide Seiten verlustreichen Kämpfe auf Kreta sind bekannt. Die deutsche Wehrmacht hatte keine tapfereren, besser trainierten und zuverlässigeren Soldaten als die Fallschirmtruppe. Sie bildete „die Spitze des deutschen Speeres, der auf Kreta triumphierte – und zerbrach" (Churchill). Niemals vorher oder später wurde von uns ein wagemutigerer und rücksichtsloserer Angriff durchgeführt. Das Schicksal wollte es, daß diese deutsche Elitetruppe auf Kreta auf Gegner stieß, die ihr an Todesverachtung und Kampfkraft ebenbürtig war, so daß beide Seiten im Feuer und in fürchterlichen Nahkämpfen sehr hohe Verluste erlitten. Die Durchschlagskraft der Angriffe unserer Fallschirmjäger überstieg zugegebenermaßen die Berechnungen der britischen Kommandostellen ganz wesentlich, wie andererseits die Erbitterung der Abwehr unsere Truppenführer überraschte.

Als der Nachschub an Soldaten und Material durch die Prozession der JU 52 via Malemes unseren Gruppen soviel Verstärkung gebracht hatte, daß ein geplanter General-Gegenangriff der Briten für diese utopisch geworden war, wurde britischerseits zum Rückzug geblasen und die Evakuierung Kretas angeordnet. Das geschah am 27. Mai, also 7 Tage nach dem 1. Angriff der Fallschirmjäger.

Auch dieser Rückzug der Briten, der schon am 1. Juni abgeschlossen wurde, war ein militärisches Meisterstück: Die

Briten mußten sich über das gebirgige Land ohne bessere Straßen als Ziegenpfade zur Südküste nach Sphakia durchschlagen, um von dort bei Nacht verladen und nach Ägypten transportiert zu werden. Das gelang nur dank energischer Rückzugsgefechte durch die neuseeländischen und australischen Brigaden. Nach britischen Angaben wurden 17.500 Mann nach Ägypten evakuiert, nachdem auf Kreta oder auf See ca. 15.000 Soldaten gefallen sind oder gefangen wurden. Die deutschen Verluste waren ca. 5.000 Gefallene auf Kreta selbst und etwa ebenso viele verloren ihr Leben auf See.

Der Aderlaß der 7. Luftlande-Division auf Kreta war so beträchtlich, daß der ganze Aufbau dieser Elite-Truppe in nicht wieder gutzumachendem Umfang geschädigt wurde. Nie wieder wurden im weiteren Verlauf des Krieges deutsche Fallschirmjäger oder Lastensegler in größerem Umfang eingesetzt.

Die zerstörten 170 JU 52 schwächten die Transportgeschwader ebenfalls außerordentlich und wurden nicht mehr in diesem Umfang ersetzt. Göring hatte auf Kreta gesiegt, aber es war ein Pyrrhussieg nach klassischem Muster: Die verlorenen Kräfte hätten ausgereicht, Zypern, Syrien, Irak, vielleicht sogar Persien zu besetzen.

Churchill schreibt dazu in seinen Memoiren: „Diese Truppen (die 7. Luftlande-Division) waren genau von der Art, die man benötigt, um große, unerschlossene Gebiete zu überrennen, die keinen ernsthaften Widerstand leisten wollen. Es war eine Dummheit von ihm (Göring), solche unbegrenzten Möglichkeiten und unersetzlichen Kräfte durch einen Kampf von Mann zu Mann und auf Tod und Leben mit den Soldaten des britischen Reiches wegzuwerfen."

Derlei Möglichkeiten bestanden offenbar tatsächlich und wurden auch schon in Überlegungen einbezogen; denn schon vor dem Angriff auf Kreta (und nur noch da) bekamen wir schon Flugkarten des östlichen Mittelmeeres mit Syrien und Irak.

Die Briten besetzten dann das mit Vichy-Frankreich nur lose verbundene Syrien in einem militärischen Spaziergang.

Der Kriegsbericht des XI. Luftkorps über den Kampf um Kreta lautete: „Die britischen Erdtruppen auf Kreta waren ungefähr dreimal so stark, als wir angenommen hatten. Die Kampfgebiete auf der Insel waren mit größter Sorgfalt und mit allen Mitteln (?) zur Verteidigung vorbereitet worden. Alle Befestigungen waren sehr geschickt getarnt. Die auf den Mangel an Informationen zurückzuführende Unkenntnis über die genaue Lage des Feindes gefährdete den Angriff des XI. Luftkorps und führte zu außerordentlich hohen und blutigen Verlusten." (So kann man's auch sagen!)

Im ganzen gesehen war der siegreiche Kampf um Kreta praktisch das Ende der deutschen Fallschirmtruppe, die zu mehr Erfolgen gut gewesen wäre. Damit war er zugleich der Anfang vom Ende der in Nordafrika unter Rommel zunächst so siegreich operierenden Armee und damit der Beginn des Aufrollens des südlichen Flügels der deutschen Armeen über Italien.

# Torgau

Nach dem Pyrrhus-Sieg auf Kreta („Noch ein solcher Sieg und wir sind erledigt!") wurden die Transport-Geschwader nach Deutschland zurückgezogen und alle Fallschirmjäger-Kampfbeobachter („Absetzer" im Umgangston genannt) zur Nachausbildung nach Freiburg i. Br. versammelt. Man war höchsten Orts sehr ungehalten über die großen Verluste auf Kreta und suchte die „Schuldigen", nur beileibe nicht bei sich selbst und schuld waren natürlich die Absetzer, die aufgrund des von den Meteorologen falsch angegebenen Windes einen Teil der Fallschirmjäger ins Meer und damit in den Tod hatten springen lassen. In Freiburg hatte ich den Auftrag bekommen, den Unterricht in Navigation und Absetz-Technik zu geben. Im übrigen war dieser Heimatkrieg zwar ungefährlich, langweilte uns aber alle, die wir in diesem Stadium des Krieges noch recht tatendurstig waren. Der Vergleich mit den Praktiken des Rekrutenfeldwebels Himmelstoß aus dem Buch „Im Westen Nichts Neues" lag nahe und ich war so unvorsichtig, das im Kameradenkreis offen auszusprechen – nicht ahnend, daß bei uns ein NS-Verbindungsoffizier eingeschleust war. Das Buch „Im Westen Nichts Neues" war auf der Liste der verbotenen Bücher im 3. Reich und wurde massenhaft mit anderen derartigen, pazifistischen oder von Juden geschriebenen Büchern öffentlich verbrannt. Im Kreis der SA, HJ und BDM und unter dem Lied „Flamme empor!" geschah dies auch damals in Lohr. Ich hatte das Buch aber schon lange gelesen und habe es heute noch.

Die Einschleusung von NS-Verbindungsoffizieren in die Wehrmacht war eine „Errungenschaft" in der vorgeschrittenen Kriegszeit schon vor dem Attentat am 20.7.1944. Diese Spitzel sind mit den gefürchteten und verhaßten Polit-Kommissaren der Roten Armee vergleichbar und brachten manchem braven Soldaten den Tod, wenn er nicht so dumm-gescheit war wie der brave Soldat Schwejk. Daß die Wehrmachtsspitzen diese miesen Brüder hinnahmen, liegt ganz auf der Linie der unkritischen Zusammenarbeit zwischen der Wehrmacht und der NSDAP Hitlers: Schon bei der Roehm-Affäre und der Ermordung General Schleichers und seiner Frau am 30.6.1934 hielt sich die Reichswehr still und sah diesem mörderischen Treiben zu, sehr auch zum Verwundern des damals doch neutralen, z.T. sogar für Deutschland wohlgesinnten Auslandes. Ich persönlich war damals seit dem 1.4.34 Fahnenjunker im IR 19 in München. Am Abend des 29.6.34 kamen plötzlich Mengen von Mannschaftslastwagen der SS in unsere Kaserne in der Infanteriestraße und übernachteten dort, um am nächsten frühen Morgen wieder abzufahren, in Richtung Bad Wiessee, wie man danach erfuhr. Wir selbst wurden alarmiert und (zum 1. Mal) mit scharfer Munition und alten Heeres-Fahrrädern versehen und erhielten den Befehl, den Königsplatz und das daneben stehende „Braune Haus", Hitlers Quartier in München, zu sichern. Die Anfahrt war gar nicht lustig, weil die uralten und in einem Kloster seit Ende des Weltkrieges eingemotteten Fahrräder keine luftdichten Schläuche mehr hatten und wir die Fahrräder bis zum Königsplatz schieben mußten. Dort angekommen, erstiegen wir die haushohen Kiesberge, die zum Bau der späteren Parteibauten dort aufgebaggert lagen, und brachten uns oben mit den damals noch wassergekühlten l MG's (leichte Maschinengewehre) in Stellung. Diese ebenfalls aus dem 1. Weltkrieg stammenden l MG's waren eine Sache für sich: Wegen des eingefüllten Kühlwassers sehr schwer und unhandlich, mußten die aus dem Kühlmantel abzweigenden Gummischläuche sorgsam eingegraben werden, damit keine Wasserdampfwölkchen den Standpunkt des l MG's verraten konnte – eine in vielen Gefechtsübungen in der Ismaninger Heide oft geübte und streng überwachte Vorsichtsmaßnahme. Unser „Kampfgeist" erhielt aber keine Gelegenheit zur Bewährung – es geschah nämlich den ganzen Tag nichts auf dem Königsplatz. Am Nachmittag kam eine noch mit Pferden bespannte Gulaschkanone und stellte sich im Hinterhof des Braunen Hauses auf, um dort Essen auszugeben. Gegen Abend kam Hitler höchstpersönlich, als wir schon zum Abmarsch angetreten waren. Er schien bleich und sehr nervös und gab uns allen – wir waren 1 Zug Fahnenjunker – wortlos die Hand. Das war das 1. und einzige Mal, daß ich den „Führer" in der Nähe sah. M.W. am Abend des 30.6. hielt Hitler dann eine große Rede mit sich oft überschlagender Stimme, in der er Roehm der Homosexualität (die damals noch nach § 175 StGB mit Strafe bedroht war) und des Verrates an der Partei (wobei er natürlich sich selbst meinte) bezichtigte und sich „in dieser Stunde als den obersten Richter seines Landes" bezeichnete, womit er, schlicht und einfach gesagt, sich über Recht und Gesetz erhaben erklärte. Da er zugleich verkündete, daß mit diesem Tag die national-sozialistische Revolution beendet sei, hielten es die leichtgläubigen Deutschen für möglich, daß nunmehr wieder nach Recht und Gesetz regiert wurde. Daß dies nicht geschah, sondern im Gegenteil Willkür und brutale Gewalt regierten, wurde in vollem Umfang wohl erst nach 1945 offenkundig.

Roehm war am 30.6.34 in Stadelheim in der Zelle von SS ermordet worden, nachdem er es abgelehnt hatte, sich mit einer in die Zelle gelegten Pistole selbst zu erschießen. Daß er homosexuell war, wußte Hitler seit vielen Jahren, ohne daraus Konsequenzen zu ziehen. Roehm hatte aber die Absicht, als Stabschef der zahlenmäßig sehr starken SA, die er durch eine Bürgerwehr zu verstärken gedachte, nachdem er bereits den „Stahlhelm" geschluckt hatte und möglichst mit Übernahme der Kommandogewalt über die Reichswehr, die ausschlaggebende militärische Macht in Deutschland zu erringen. Dies war wohl auch der Grund, warum die Reichswehr zu den Verbrechen vom 30.6.34 keinen Finger rührte, obwohl sie das damals noch hätte tun können. Für dieses Stillhalten wurde sie dann von Hitler durch umfangreiche Aufrüstung und damit Stellenvermehrungen auch höchster Chargen belohnt. Das auslösende Moment für die Blitzaktion vom 30.6. war aber ein Irrtum: Hitler war hinterbracht worden, die SA sei mit Handfeuerwaffen bewaffnet worden. Das war zwar in manchen Orten der Fall. Die Waffen wurden aber nach einem Protest des Reichswehrministers Groener, der mit Waffenanwendung der Reichswehr gegen die SA drohte, wieder in ihre Verstecke zurückgebracht, aber gerade diese Transport wurden Hitler hinterbracht, der sie irrtümlich für eine in Gange befindliche Bewaffnung der SA hielt. Er ließ dann den mit dem Waffenrücktransport von Roehm betrauten SA-Gruppenführer Schneidhuber – angeblich mit Roehm im Bett liegend angetroffen – als ersten ohne jedes Verfahren oder Aussprache im Nebenzimmer des Kurhotels erschießen. Hitler hatte also allen Grund, an diesem Tag nervös zu sein.

Auf unserer unteren Etage stellte sich diese Entwicklung so dar: Als Rekruten hatte man uns die Haare geschoren, weil wir „sowieso" 5 Wochen lang keinen Ausgang hatten und uns die Sonntage mit Stiefelputzen und Sockenstopfen vertrieben. Wir mußten ja erst Grüßen und Laufen lernen! Als der 1. Ausgang – gruppenweise und unter Führung unserer Unteroffiziere, es ging in den Biergarten „Hirschgarten" bei Nymphenburg – bevorstand, hielt der Kompaniechef unserer 3. Kompanie, Hauptmann Hoffmann, der den Beinamen „der liebe Gott" und nur einen Arm hatte, eine Belehrung. Er sagte unter anderem, daß wir jeder Rauferei möglichst aus dem Weg gehen sollten, wenn wir in einem Lokal von SA-Leuten belästigt oder beleidigt werden sollten. Wenn aber eine Rauferei unvermeidlich wäre, sollten wir so zuschlagen, „daß der andere keine Aussage mehr machen" könne. So rauh waren damals die Sitten! Motto: Tu was Du mußt, sieg oder stirb und laß Gott die Entscheidung!

In der Tat waren damals vor dem 30.6.34 des öfteren derartige Zwischenfälle häufig, die immer von der SA ausgingen, die uns immer wieder als „graue Verräter" oder „Marionetten-Soldaten" beleidigten. Ich nehme an, daß solche Zwischenfälle von Seiten der SA-Führung bewußt provoziert wurden, um dann eines Tages Grund zur „Befriedigung", lies Übernahme der Reichswehr, zu haben. Soweit ist es dann aber natürlich nach dem 30.6.34 nicht mehr gekommen.

Aber zurück nach Freiburg 1941:

In diese „Ausbildungszeit" in Freiburg i. Br. fielen nun zwei Ereignisse, die ich niemals in meinem Leben vergessen kann und die mein Leben von Grund auf veränderten: Eines schönen Tages, oder besser gesagt, eines unschönen Tages, kam vom Standort-Offizier der Befehl, daß unsere Beobachter-Kompanie die Exekution eines zum Tod verurteilten Soldaten durchzuführen hätte. Wie es der Zufall gab, war ich einer der 8 Männer, die die Salve abgeben sollten. Da weder ich noch die anderen Kommandierten Lust hatten, diesen schaurigen Befehl durchzuführen und die erfolglos bleibende Anregung gaben, doch eine Infanterie-Einheit mit diesem makaberen Tun zu beauftragen, weil der Delinquent ein Infanterie-Rekrut sei, kam am Abend vor der Exekution der Kriegsgerichtsrat, der das Urteil gesprochen hatte, zu uns. Er wollte uns von der Rechtmäßigkeit und Notwendigkeit des Urteils überzeugen. Allerdings hatte ich den Eindruck, daß er sich auch selbst in seinem Gewissen erleichtern wollte, es war nämlich sein 1. Todesurteil, das er – als blutjunger Jurist – ausgesprochen hatte. Wir haben bis in die Nacht hinein mit ihm diskutiert, wobei natürlich auch der „Tatbestand" besprochen wurde, der zum Urteil geführt hatte: Der 18jährige Rekrut hatte als Bauernbub aus dem südlichen Schwarzwald starkes Heimweh bekommen, das durch die „liebevolle" Behandlung auf dem Kasernenhof sicher nicht gemildert wurde. Er verließ seine Truppe, stahl ein Fahrrad, um heimzufahren und wurde dabei in Richtung Süden (Schweiz) fahrend aufgegriffen. Der Tatbestand der Fahnenflucht unter erschwerten Umständen war also gegeben, das Urteil erbarmungslos.

Am nächsten Morgen marschierte die ganze Kompanie unter Gewehr auf den Standort-Schießplatz und stellte sich in der vorgeschriebenen Ordnung auf. Wir 8 Schützen hatten je 1 scharfe Patrone geladen und standen in Doppelreihe ca. 8 m von dem Pfahl entfernt, der gemeinhin als Schandpfahl bezeichnet wird. Kurz darauf kam ein Lkw: Auf seinem Sarg saß der Delinquent, mit langen Ketten gefesselt, der Oberfeldwebel aus dem Wehrmachtsgefängnis und noch zwei Begleiter waren bei ihm. Der arme Junge war totenbleich und konnte nicht mehr gehen. So wurde er von zwei Begleitern untergehakt zum Pfahl geschleift und mit der Kette mehrmals umwunden an den Pfahl gefesselt. Offenbar wäre er ohne dies zusammengesackt. Dieses Hinschleifen an den Pfahl war ein herzzerreißender Anblick. Ich und viele Millionen Soldaten haben im Krieg gräusliche Erlebnisse durchstehen und ansehen müssen, aber so niederdrückend ist mir keines vorher oder nachher erschienen, und das will etwas heißen, wie sich noch zeigen wird.

Nun ging alles nach Vorschrift: Der Kriegsgerichtsrat verlas noch mal das Urteil, der Wehrmachtspfarrer sprach ein kurzes Gebet und schlug das Kreuz. Dann wurden dem armen Jungen die Augen verbunden und an seiner Drillichjacke vom Truppenarzt eine Papierrosette als Zielpunkt über dem Herzen angebracht. Daneben stand ein Offizier mit gezogener Pistole, der dem Delinquenten den Gnadenschuß hätte geben müssen, wenn er nicht sofort tot gewesen wäre.

Auf ein Pfeifsignal mußten wir dann in die Rosette und damit ins Herz schießen. Nach dem Schuß ließ der Junge sofort den Kopf sinken – er hat sicher keinen körperlichen Schmerz mehr gespürt, sofern er überhaupt noch bei Sinnen war. Danach wurde die Kette wieder abgenommen, die Rosette auf die 8 Einschüsse kontrolliert – es war uns zuvor gesagt worden, daß der bestraft würde, der nicht schießen würde. Ich hatte tatsächlich mit diesem Gedanken gespielt, aber dann doch abgezogen; denn die Exekution wäre auf jeden Fall vollzogen worden. Zu meinem großen Erstaunen sah ich dann, daß einige Kameraden mehrere Rosetten aufeinanderliegend hatten anstecken lassen, die sie dann als „Andenken" mitnahmen. Ich verzichtete gern darauf, das Andenken an die schrecklichen Vorgänge war sowieso für immer in mir festgeschrieben.

Das Nachspiel war dann noch besonders beschämend: Ehe man den Toten in den mitgebrachten Sarg legte, zog man ihm noch die Schnürschuhe aus – offenbar „kriegsnotwendige" Gegenstände!

Beim Heimmarsch dachte ich immerfort an die armen Eltern des Jungen, der so sinnlos in seiner blühenden Jugend sterben mußte. Überhaupt hat mich der Gedanke an die Frauen, Kinder, Eltern der Gefallenen – wie man so beschönigend sagt, „der auf dem Felde der Ehre Gefallenen", „der toten Heldensöhne" usw. – seit Kriegsbeginn mein ganzes Leben lang begleitet und verfolgt.

Die Gefallenen sind nur selten mit dem oft aus Mitleid geschilderten Kopfschuß getroffen schnell und relativ schmerzlos gestorben, fast immer erlitten sie fürchterliche Verletzungen und nahmen ein elendigliches Ende. Die Schrei nach Mutter oder Frau können einem ein Leben lang in den Ohren liegen. Die Kompaniechefs hatten den Auftrag, den „Heldentod" ihrer Soldaten den Angehörigen schonungsvoll mitzuteilen (soweit das überhaupt noch möglich war).

Der Mann meiner Schwester, Oberleutnant d. R. und Kompaniechef im Osten, schrieb einmal an seine Frau, daß es ihn so belaste, solche Briefe „nach Muster" fassen und in die Heimat senden zu müssen. Er zitierte einen solchen Brief. Als er dann selbst gefallen war, erhielt meine Schwester prompt einen solchen Beileidsbrief und war dann natürlich über die vorfabrizierten Lügen besonders traurig. Wann eigentlich ist das

Ende dieser Lügerei – damals genau wie heute? „Alles geben die Götter den Menschen ganz, die Freuden, die unendlichen, ganz; die Schmerzen, die unendlichen, ganz!"

Kurze Zeit nach dieser Hinrichtung schrieb ich unter dem Eindruck der verfehlten Dispositionen und der zumindest zum Teil vermeidbaren hohen Opfer beim Kampf um Kreta, dem sinnlosen Gammeln im Fliegerhorst in Freiburg und der Exekution in Briefen an meine Frau und an meinen Vater, daß wir den Krieg mit Sicherheit verlieren, wenn er so weitergeführt wird. Diese Briefe wurden von der Zensur geöffnet, ob mit oder ohne Zutun des NS-Verbindungsoffiziers habe ich nie in Erfahrung gebracht. Da solche defaitistischen, noch dazu schriftlich festliegenden Äußerungen als Staatsverbrechen galten, wurde ich wegen Zersetzung der Wehrkraft und Vergehens gegen das Heimtückengesetz am 10.8.1942 verhaftet und sofort als Untersuchungsgefangener in das Wehrmachtsgefängnis in Freiburg gebracht.

Der „normale" Bürger kann sich kaum eine Vorstellung davon machen, wie es in einem Gefängnis zugeht, wie die Haft auf Geist und Körper einwirkt und welche Folgen auch nach der Freilassung weiterwirken: Zunächst bricht eine Welt im Inneren zusammen. Der Gestank in den ungelüfteten Gebäuden, das Dröhnen der Stiefel auf den Steinplattenböden, die im übrigen völlige Stille, die nur vom Schlüsselrasseln der Beschließer und gelegentlichen Appellbefehlen unterbrochen wird, die völlige Hilflosigkeit gegenüber der ausgeübten rigorosen Macht, eben die Gefangenschaft, wirken absolut demoralisierend auf jeden auch nur etwas empfindsamen Menschen.

Ich kam als Untersuchungsgefangener natürlich in Einzelhaft in eine Zelle, deren Einrichtung aus einer Pritsche mit zwei Wolldecken und einem Kopfkeil, einem ganz kleinen Tisch mit Hocker und einem in eine Ecke eingebauten Plumpsklo bestand. Das vergitterte Fenster war so hoch, daß ich außer einem

Fetzchen Himmel nichts sehen konnte. – Der erste Eintritt in eine Zelle in einem Gefängnis ist für jeden Menschen ein ganz entscheidender Moment in seinem Leben. Im Augenblick erkennt er seine völlige Hilflosigkeit gegenüber der Macht der Mächtigen, er bricht innerlich zusammen und zwar je mehr, je stärker er sich vorher bei der Verhaftung und den ersten Vernehmungen zusammengenommen hatte. Er fühlt sich so elend allein, so „gottverlassen", daß er meint, er müsse jeden Augenblick tot umfallen. Tausend Gedanken stürmen durch den Kopf, die Zukunft, die Familie, der Beruf, alle Schrecknisse, die ihm sicherlich bevorstehen. Er fühlt die Kälte der undurchdringlichen Mauern, das durch das kleine, vergitterte Fensterloch eingeschränkte Tageslicht, die völlige Stille in der Zelle und die Unmöglichkeit, mit einem Menschen zu sprechen. Zu den viel zitierten Grundbedürfnissen des Menschen, Essen, Schlafen, Lieben, gehört ganz bestimmt auch das Bedürfnis, mit einem Mitmenschen reden zu können. Erst in der erzwungenen völligen Einsamkeit der Zelle vermißt er dies in zunehmendem Maße, und deshalb vor allem ist Einzelhaft so unmenschlich. Da wohl jede Untersuchungshaft zugleich Einzelhaft ist, muß jede längere Untersuchungshaft sich auf den Häftling sehr stark psychologisch auswirken. Durchstehen kann er diese Zeit nicht allein bei körperlicher Gesundheit und ausreichender Lebenskraft, sondern nur durch gedankliche Zucht und Phantasie. Jedes Gefängnis hat eine besondere, meist brutale Note. Von den drei von mir „beglückten" Gefängnissen, das Wehrmachtsgefängnis in Freiburg i. Br., das Wehrmachtsuntersuchungsgefängnis in Berlin-Tegel und des Wehrmachtsgefängnis Torgau (ehemals Festung, dann Zuchthaus) war keines dem anderen gleich oder nur ähnlich. Das Gefängnis baut eine spezielle Welt in und um den Gefangenen auf, der er nicht ausweichen kann und die er nur erträgt, wenn er möglichst wenig an die Freiheit draußen denkt. Mit das Schlimmste im Gefängnis ist der unverwechselbare Mief, dieser üble Geruch nach saurem Essen, Staub, feuchten Steinböden und Aborten, die nicht gespült werden können (jedenfalls damals) – schlimm vor allem für einen Menschen, der Zeit seines Lebens in frischer Luft, im Wald und Garten gelebt hat und die Natur über alles liebte.

Nicht umsonst werden jedem „Neuen" bei der Einlieferung Hosenträger, Gürtel, Taschenmesser und andere scharfe Gegenstände abgenommen, damit er sich nicht im ersten Elend das Leben nehmen kann. Aber trotz dieser Vorsichtsmaßnahmen enden viele – und vielleicht gar nicht die schlimmsten Täter – durch Selbstmord in der Zelle. Der Selbstmord bleibt allemal unerklärbar. Aber es kann niemand wissen, was zwischen der Seele eines Menschen und Gott in dem Augenblick geschieht, wenn sich die Seele vom Körper trennt.

Wenn ich daran dachte, daß es neben der eigenen persönlichen Unfreiheit im Knast noch andere Menschengruppen gibt, die unfrei leben müssen, wie die Soldaten im Krieg, wie im Frieden oder die Beamten, die alle „lebenslänglich" haben, so gewöhnte ich mich etwas leichter an den begrenzten Raum von wenigen qm, den ich zur Verfügung hatte. Es dauerte dann einige Zeit, bis ich merkte, daß dieser kleine Raum mit seinen kahlen Wänden auch seine Vorteile hatte: Man wird von seinen Gedanken nicht abgelenkt, kann leicht Ordnung und Sauberkeit halten und kann in der Nacht normalerweise ungestört schlafen.

Zum Glück durfte ich in Freiburg lesen, sowohl Zeitungen als auch Bücher aus der Bücherei. Diese Bücher waren zwar überwiegend alte Schwarten, aber dabei waren vielleicht gerade deswegen sehr interessante Werke. Mit Vorliebe ließ ich mir Reisebeschreibungen bringen wie die von Sven Hedin und anderen Forschern in der Arktis und Afrika. Der genehmigte Besitz von Zeitungen hatte zudem den Vorteil, daß ich mich nachts gegen die zunehmende Kälte etwas schützen konnte, indem ich unter das Bettuch und zwischen die Decken Zeitungen einbreitete.

Da ich nach der Verhaftung in dem Zimmer des Kompaniechefs auf dem Fliegerhorst am Vormittag im Gefängnis eingeliefert worden war, kam kurze Zeit danach das „Mittagessen": Zwei sogenannte Kalfaktoren fuhren mit einem großen Kübel voll Suppe von Zellentür zu Zellentür, öffneten die kleine Klappe in der eisenbeschlagenen Tür und gaben eine Blecheßschüssel und einen Löffel hindurch. Diese erste „Mahlzeit" ist mir in Erinnerung geblieben. Es war eine Suppe aus Blaukraut mit Kartoffelstückchen und wenn mir der Appetit nicht sowieso schon vergangen gewesen wäre, so wäre dies jetzt geschehen. Ich schüttete die Brühe in das Klo, um nicht die Meinung aufkommen zu lassen, ich sei gesättigt. Das war auch gut so, denn es dauerte nicht lange und ich war froh um jede noch so dünne Suppe. Zunächst aber hungerte ich einige Tage, mit Ausnahme des Stückes trockenes Kommißbrotes am Morgen.

Als ich allmählich wieder meine Gedanken ordnen konnte, schrieb ich meinem Bruder, der Jurist und Rechtsanwalt ist, einen Brief und bat ihn, mir einen Rechtsbeistand zu besorgen und meine armen Eltern von meinem Schicksal zu orientieren. Brieflicher Verkehr war den Untersuchungshäftlingen gestattet, wenn auch natürlich jede abgehende und ankommende Post gelesen und als zensiert abgestempelt wurde.

Nach wenigen Tagen, und ehe irgendwelche juristischen Schritte erfolgt waren, wurde ich in das Wehrmachtsgefängnis nach Berlin-Tegel verlegt. Die „Reise" geschah mit der Bahn und unter Begleitung durch zwei Feldwebel in einem eigens „reservierten" Abteil der DB. Vom Bahnhof Berlin-Tegel fuhren wir mit der Trambahn zum Wehrmachtsgefängnis und es war ein eigenartiges Gefühl, unter „Geleitschutz", ohne Koppel, aber gewissermaßen frei und in guter Luft durch Berlin zu fahren. Die anderen Fahrgäste schauten mich zum Teil sehr nachdenklich an, vor allem, als wir nahe dem Ziel waren. Offenbar wußten sie schon, um was es sich handelte. Immerhin war es ja auffallend, daß ein Oberfeldwebel mit dem E.K.I an der

Brust, das ich ostentativ angelegt hatte, ohne Koppel von zwei bewaffneten Feldwebeln eskortiert in der Tram fuhr. Es wäre mir wahrscheinlich möglich gewesen zu entkommen. Aber ich machte keinen Versuch, weil ich immer noch meinte, wegen zweier privater Briefe kein Staatsverbrecher sein zu können und ich des Glaubens war, es werde alles gut ausgehen.

Als ich dann „abgeliefert" war und die schwere Eisentür sich hinter mir geschlossen hatte, befiel mich in der engen Zelle doch große Niedergeschlagenheit. Die schaurige Einsamkeit der Einzehaft, ohne die Möglichkeit auch nur eines einfachen Gespräches, verursachte zwangsläufig neuerlich tiefe Depressionen und die unbekannte Zukunft stand wie eine drohende schwarze Wand vor meinen Augen.

Ich unterrichtete baldmöglichst einen hochgestellten Bekannten des Reichsforstamtes in Berlin-Potsdam, den Oberlandforstmeister H. von meinem Schicksal und bat ihn, mir einen guten Rechtsanwalt zu „besorgen", was dieser auch tat. So konnte ich wenigstens von Zeit zu Zeit mit meinem Anwalt sprechen, der entgegen meinem Optimismus recht skeptisch war und von der Möglichkeit der Todesstrafe sprach. Als ich danach wieder allein in der Zelle war, befiel mich tiefe Mutlosigkeit und Lebensangst und ich versuchte zu beten. Aber zu meinem Entsetzen brachte ich nicht einmal das „Vaterunser" zusammen und es brauchte eine ganze Zeit, bis ich durch mühevolles Memorieren des lateinischen Textes das so schöne und erhabene Gebet in vollem Wortlaut sagen konnte.

Dieses Ergebnis war eine meiner unvergeßlichen Lebenserfahrungen, denn wie wahrscheinlich viele andere junge Leute hatte ich damals keinen Kontakt mehr zu meiner Kirche, lebte ohne an Gott zu denken in den Tag hinein und auch schwer zu ertragende Kriegs- und Todeseindrücke änderten an diesem Zustand nichts, bis – ja, bis man selbst vor dem Tor zu stehen glaubt, das man nur einmal durchschreitet.

Obwohl ich als Untersuchungsgefangener zu keiner Arbeit

verpflichtet war, stimmte ich zu, Briefkuverts zu kleben – so einige Hundert täglich. Das lenkte etwas vom Sinnieren ab und man konnte sozusagen spaßhalber versuchen, Kleberekorde aufzustellen, sozusagen Blasy : Blasy. Ich ließ mir auch aus der wohl aus früheren Zeit stammenden Gefängnisbibliothek Bücher kommen und las vor allem gern die Berichte früherer Forschungsreisender – meist uralte Schmöker, aber vielleicht gerade deshalb recht interessant.

In der ziemlich lang dauernden Untersuchungshaft (vom 16.8. bis 6.10.42) geschah in Tegel noch folgendes Bemerkenswertes: Eines Abends wurde der ganze Flügel, in dem neben meiner noch etwa 50 andere Zellen sich befanden, geräumt und wir überraschend in große, dann stark überfüllte Gemeinschaftszellen verlegt. Der Grund wurde uns nicht gesagt und blieb uns zunächst rätselhaft. Als ich am nächsten Vormittag in meine Zelle zurückkam, bot sich mir ein aufregender Anblick: Die Luft war mit Zigarettenrauch geschwängert, die Zeitungen, die ich wegen der feuchten und kalten Luft zur besseren Erwärmung unter das Bettlaken und in die Zudecke eingebreitet hatte, lagen umher und die Ränder waren mit Bleistift stark beschrieben, allerdings in einer mir unbekannten Sprache.

Ich muß hier einflechten, daß ich als Untersuchungshäftling eine Zeitung beziehen und lesen durfte, was zur Ablenkung und Orientierung über das Weltgeschehen und den Kriegsverlauf von großem Wert für mich war. Da ich mit dem aufsichtsführenden Feldwebel einigermaßen gut stand, bekam ich nach wiederholten, dringenden Fragen folgende Begebenheit zu wissen, die er mir unter dem Ehrenwort der Verschwiegenheit (er hätte sein Leben riskiert) anvertraute: In dieser Nacht war ein Transport norwegischer Offiziere in Tegel untergebracht, die am frühen Morgen alle nach Plötzensee gebracht und in den dortigen Hinrichtungsmaschinen geköpft wurden. Offenbar waren es Offiziere, die die deutsche Besetzung Norwegens nicht hinnehmen wollten und verhaftet worden waren. Da in jeder Zelle nach Aussage des Beschließers vier solche Todgeweihten eingesperrt waren, müssen es nach meiner Schätzung etwa 200 Männer gewesen sein. Beim Aufräumen meiner Zelle versuchte ich, eine Adresse zu finden, aber ich fand keine.

Dieses Zwischenerlebnis lag mir begreiflicherweise schwer auf der Seele, zu allem eigenen Erleben dazu.

Der Hinweis meines Rechtsanwaltes Dr. Grzimek auf die Möglichkeit der Todesstrafe belastete mich zunächst natürlich schwer; ich wollte es nicht wahrhaben, daß ich wegen einiger heftig pointierter Briefe mein Leben lassen sollte. Ich wollte und konnte diese Bedrohung meines jungen Lebens nicht ernst nehmen und mein Rechtsanwalt war erstaunt über meinen vermeintlichen Gleichmut, mit dem ich diese Mitteilung aufnahm. Aber wozu schließlich dieses ewige Gepumpe des Herzens, wenn nichts mehr vorhanden war, wofür es schlägt? Alle unsere Ideale waren zerstört, der Glaube an die gerechte Sache des Vaterlandes, an ein anständiges, sauberes Deutschland war verschüttet durch die Machenschaften und brutalen Methoden der übermächtig gewordenen Partei. In diesem Sinne hatte ich auch die belastenden Briefe geschrieben. Das Böse dieser Zeit zeigte sich im ungebändigten Verlangen nach Macht, verbunden mit einem maßlosen Streben nach Geld und Gütern. Der Reichsmarschall H. Göring war dafür ein bezeichnendes Beispiel. Dieser Machtbesessenheit begegnen wir auch heute wieder in allen Bereichen der Politik, der Wirtschaft und im Beruf. Viele Männer in allen Stellungen bewegt der Gedanke, wie sie dem Vordermann ein Bein stellen können, um in seine Stellung nachzurücken. Natürlich bestreiten das alle, alle arbeiten nur legal, gewissenhaft und für die „gute Sache". Ebenso arbeiten alle Militärs und alle Rüstungsmanager nur für den Frieden, höchstens noch für die eigene Verteidigung.

Heute ist dieses menschliche Phänomen besonders bedenklich. Wenn wir an die nukleare Bedrohung denken, hat sich die Situation der Menschheit entscheidend verschlechtert. Der von Gott den Mensch gegebene freie Wille wird sich angesichts der Atom-Technik und dem großen Einfluß der Massenmedien, die nicht müde werden, perfekte Beispiele von Mord und Grausamkeit schon in die Herzen der Kinder zu senken, letztlich in einer Vernichtung des Menschengeschlechts auswirken. Julien Green, der große französische Schriftsteller, sagt: „Gibt es noch Hoffnung? Die gräßliche Verfassung der Menschen läßt daran zweifeln. Eine Hoffnung wäre der Glaube an Gott, an einen gerechten Gott. Aber der Mensch hat einen freien Willen, er kann sich gegen Gott auflehnen, ihn zurückweisen, ihn übergehen. Der Atheismus ist destruktiv und absolut negativ. Er verhindert das Aufsteigen der Menschheit zu Gott, ohne Gott aber ist die Welt völlig unverständlich – sie ist schon mit Gott über alle Maßen mysteriös."

Dann kam der Tag der Feld-Kriegsgerichtsverhandlung des zuständigen Fliegerkorps. Die Verhandlung verlief ganz und gar im Sinne des erbarmungslosen Dritten Reiches, meine Beteuerungen, nur private Briefe ohne politische Hintergedanken geschrieben zu haben und ich ganz allgemein dazu neige, mir Bedrückungen von der Seele zu schreiben und mich dabei drastisch und mit spitzer Feder auszudrücken, halfen mir nichts. Auch das Plädoyer des Rechtsanwaltes Dr. Grzimek, der auf die private, nicht öffentliche Bekanntgabe meiner Gedanken hinwies, wurde abgeschmettert mit der Feststellung, daß auch in diesem Fall eine sogenannte Ersatz-Öffentlichkeit angenommen werden müsse, weil meine Frau und mein Vater den Inhalt der Briefe hätten mündlich weitergeben können.

So wurde ich wegen Zersetzung der Wehrkraft und Vergehens gegen das Heimtückegesetz zum Tode und damit automatisch zu Rangverlust verurteilt.

Als ich in meine Zelle zurückging, hatte ich seltsamerweise

ein Gefühl, als schwebte ich fast, so leicht ging ich dahin. Es ist mir heute noch völlig unklar, warum ich so leicht gehen konnte, das Gegenteil wäre wohl erklärlich gewesen.

Es folgte eine längere Zeit des Wartens, was mir, obwohl mein Leben verlängernd, doch eigenartig vorkam. Folgendes war der Anlaß: Wie ich erst später erfuhr (und zwar über die NSDAP, die eingeschaltet worden war, Erkundigungen über meine, d.h. meiner Eltern Familie einzuziehen) war von meinem Geschwader für mich das Ritterkreuz beantragt worden mit der stolzen Begründung, ich hätte durch mein umsichtiges, selbständiges Verhalten beim Absetzen der Fallschirmjäger auf Kreta, die Inbesitznahme des Flugplatzes Malemes und damit die Eroberung der Insel ermöglicht. Dieser Antrag lag offenbar dem Kommandierenden General der Flieger, Student, noch vor als er das Feldkriegsgerichts-Urteil zur unterschriftlichen Bestätigung zugestellt bekam.

Zu meinem Glück unterschrieb er weder das eine noch das andere, sondern ordnete eine zweite Verhandlung an.

Diese Verhandlung lief nun ganz anders ab: Der Vorsitzende Kriegsgerichtsrat war ein „gemütlicher" Österreicher, der das Ganze nicht so toternst ansah, mir mehrere mildernde Umstände zubilligte und letztlich ein Urteil auf 1 1/4 Jahr Gefängnis und Rangverlust aussprach (6.10.42).

Trotzdem mich auch dieses Urteil hart traf – es war nach § 53 DBG (Beamtengesetz) auch mit der automatischen Entlassung als Forstbeamter verbunden – war ich doch recht erleichtert, wie man sich denken kann.

Ich hatte in der folgenden Zeit reichlich Gelegenheit, über den Verlauf dieser Verhandlung nachzudenken. Jeder Prozeß ist ein Abbild des Großen Welttheaters im Kleinen und ebenso wenig logisch und gerecht wie dieses. Es ging mir nicht in den Kopf, daß die Richter (es waren ein Vorsitzender und zwei Beisitzer, davon einer Feldwebel) nicht erkannten, daß meine Briefe letztlich aus Sorge um die als möglich und bei Fortdauer der bisherigen Kriegsführungsmethoden anzunehmende Niederlage Deutschlands geschrieben waren und damit im Grunde positiv und idealistisch zu bewerten gewesen wären. Daß ich mir die Freiheit genommen hatte, die Gründe zu meiner pessimistischen Einstellung an recht realen und mit spitzer Feder beschriebenen Zuständen in Freiburg und an Verhaltensweisen unserer Offiziere darzustellen, wurde nicht erkannt. Es war eben „eine Sünde wider den Heiligen Geist", die bekanntlich nicht vergeben wird, zumal ich noch zu allem Überfluß den Feldwebel Himmelstoß aus dem Buch „Im Westen Nichts Neues" von Remarque zitiert hatte. Dieses Buch war bekanntlich eines der in der Reichskristallnacht öffentlich mit Hohn und Spott verbrannten Bücher.

Mein Rechtsanwalt hatte mir (wohl mit Recht aus seiner langen Erfahrung mit dem „Welttheater a miniature") geraten, mich einsichtig zu zeigen und mich nicht darauf zu versteifen, einen Wahrheitsbeweis zu versuchen. So verhielt ich mich in der Verhandlung ruhig und defensiv. Nur einmal ging mein Temperament mit mir durch, als nämlich der Kompaniechef der Beobachter-Kompanie aus Freiburg, der mich verhaftet hatte, bei der Beurteilung meiner Persönlichkeit u.a. (in echt „preußischem" Jargon, den wir Bayern so liebten) sagte: „Ik hätte mir selbst 'ne Backpfeife (Backenstreich) jeben möjen, weil ik Blasy wenige Tage vor der Verhaftung noch drei Tage Urlaub zur Taufe seines Sohnes jejeben habe!" Ich rief aufgebracht: „Sehen Sie, meine Herren, das ist die wahre Fürsorge unserer Vorgesetzten!", beruhigte mich aber schnell wieder auf ein beschwichtigendes Zeichen des Richters hin, der mich aber schon als Österreicher verstanden zu haben schien.

Die Menschen sind von Natur aus grausam, seit unsere Affen-Vorfahren ihre vormaligen Urwälder verlassen mußten, weil diese durch große klimatische Veränderungen abgestorben und sie notgedrungen von bisherigen Pflanzenfressern zu Fleischfressern geworden waren, diese Ernährung aber vorherige Tötung eines Mitlebewesens mit sich brachte. Und die Menschen sind neben ihrer Mordlust noch nie gerecht zueinander gewesen, von Hitler und seinem willfährigen Volksgerichtshof ganz zu schweigen.

Durch die von mir als ungerecht empfundene Verurteilung kam ich geradezu zwangsläufig in eine Geisteshaltung hinein, die den Sieg der deutschen Waffen nicht mehr so inständig herbeisehnte wie bisher. Ich gab mich von da an nur noch der objektiven Betrachtung des Kriegsgeschehens hin, das sich ab 1941/42 in seiner beinahe unermeßlichen geographischen Größe abspielte. Ich kann mich gut daran erinnern, daß die Erstürmung des Elbrus-Gipfels im Kaukasus durch unsere Gebirgsjäger und die Einpflanzung der Reichskriegsflagge dort in mir nur den Gedanken geweckt hatte, wie und wann wohl diese tapferen Soldaten wieder in ihre Heimat zurückkommen würden. Ich verspürte einfach keinen Wunsch mehr nach dem „Endsieg", der immer öfter propagiert wurde und war von dem einen Wunsch beseelt, diese turbulente und gefährliche Zeit des Krieges einigermaßen gesund zu überleben und danach mit meiner Familie ein ruhigeres Leben führen zu können. Die geforderte „heroische Haltung" war nie mein Fall gewesen. Auch bei und nach dem „heroischen" Einsatz auf Kreta 1941 fühlte ich mich absolut nicht als Held, sondern freute mich schon beim Rückflug auf unser schönes, aus britischen Beutebeständen stammendes Zelt mit Ziehharmonika-Pritschen, auf denen man hinter ebenfalls erbeuteten Moskitonetzen so gut schlafen konnte.

Ich schämte mich zwar dieses indirekten Wunsches nach der Niederlage, die trotz allen Mutes der Soldaten, trotz Feldherrenkunst der Armeeführer und trotz aller Opfer in der Heimat offensichtlich und unabwendbar auf uns zukam wie eine Naturkatastrophe. Ich konnte aber dieses Gefühl nicht unterdrücken.

Durch die Entlassung als Forstreferendar und Verlust des militärischen Ranges und damit des Wehrsoldes (einen Wehrsold als Flieger von 30,-- RM/Monat bekam ich erst wieder nach Verbüßung der Strafe) wurde meine junge Familie in große Not gestürzt. Es wurde meiner Frau mit Kleinkind ein Familienunterhalt von 61,--, später von 40,-- RM/Monat (!) zugebilligt.

Als dieses Urteil vom General der Flieger, Student, bestätigt war, ging meine Zeit in Tegel zu Ende; ich wurde zunächst durch die eisernen Gänge des im ganzen durchsichtigen großen Gebäudes zum Zentral-Aufsichtsführenden gebracht, der mir mit einer Schere die Dienstgradspangen abschnitt. Es berührte mich dies gar nicht sonderlich. So sehr die meisten Soldaten auf Sterne erpicht sind, mir war es völlig egal, sie zu verlieren; denn der Krieg war für mich emotional gelaufen, ich sah den weiteren Kriegsereignissen, die zwangsläufig in die Katastrophe führen müßten, mit kaltem Sinn entgegen. Mein „Verbrechen" war ja nun gewesen, dieses Ende schon 1942, also recht früh, zu sehen und meine Meinung zu sagen.

Nach Eintreten der Rechtskraft des Urteils des Feldkriegsgerichts in Berlin wegen Zersetzung der Wehrkraft und Vergehens gegen das Heimtückegesetz auf Grund privater Briefe, die von der Zensur geöffnet worden waren, kam ich zur Verbüßung der Strafe in das Wehrmachtsgefängnis nach Torgau.

In Torgau „Fort Zinna", das sich von einer Festung Friedrichs des Großen über ein Zuchthaus zum größten Wehrmachtsgefängnis Deutschlands gemausert hatte, war nun alles ganz anders als in der Zeit der Untersuchungshaft in der Einzelzelle.

Wir lagen in völlig überbelegten großen Stuben 4stöckig übereinander, im ganzen über 5000 Gefangene. Ich befand mich in guter Gesellschaft vom degradierten Oberst bis zum Rekruten, die nach meinen Erfahrungen überwiegend wegen lächerlicher Delikte eingesperrt waren; meist waren es „Wachvergehen vor dem Feind" oder Tätlichkeiten gegen (wahrscheinlich recht „angenehme") Vorgesetzte.

Zu diesen Wachvergehen vor dem Feinde möchte ich noch sagen, daß mir später im Bewährungsbataillon in Rußland im Winter 1943/44 hätte ganz leicht dasselbe passieren können; wir mußten Vorposten stellen und lagen in den normalen Wehrmacht-Tuchmänteln und benagelten Lederstiefeln in eisiger Kälte auf dem hart gefrorenen und steif geblasenen Boden im schneidenden Ostwind. In dieser Lage scheint das Gehirn nicht mehr so recht zu funktionieren und man schläft dann sehr leicht ein: schon ist das „Wachvergehen vor dem Feind" komplett, wenn ein übertüchtiger Vorgesetzter einen solchen geistig weggetretenen Soldaten antrifft.

Der Unterschied zwischen dem Leben in der Einzelzelle der Untersuchungshaftzeit und dem in der Mehrzahl-Stube im Strafvollzug war sehr groß und spürbar: in der Einzelzelle zwar Schweigen und Nicht-reden-können, dafür aber Ruhe und mögliche geistige Selbstbeschäftigung. Im Strafvollzug zwar Abwechslung, Erfahrungsaustausch und gelegentlich interessante Erzählungen von Mitgefangenen, dagegen keine Lektüre oder Bücherstudium mehr, auch nicht am Sonntag.

Die Hauptstrafe war der Hunger: Neben Brot bekamen wir grundsätzlich nur suppenähnlichen Eintopf, schon aus dem einfachen Grund, weil wir als „Besteck" nur einen Löffel hatten. Der Besitz von Messern und Gabeln war streng verboten. So beschränkte sich das Servieren der „Menüs" auf einen Schlag aus einem großen Schöpflöffel mit Eintopfsuppe in den Blechnapf, den jeder Gefangene hatte.

Ein normaler Tag verlief folgendermaßen: 5.00 Uhr aufstehen, waschen, frühstücken mit einem Stück Brot und dem üblichen Kommißkaffee. Dann Antreten im großen Hof, peinliches, langes Ausrichten der Mannschaften im offenen Viereck, bekleidet mit Drillichanzügen und Schnürschuhen, und das im Winter bei erheblichen Kältegraden. Um 6.00 Uhr kam Herr General Remlinger und wünschte uns „Morgen, Soldaten!", worauf wir aus Leibeskräften: „Morgen, Herr General!" rufen mußten. Bei diesem Manöver fielen schon die ersten aus Schwäche um. Sie mußten liegen bleiben. Vorher war schon mehrmals lauthals ausgerufen worden: „Nicht husten! General wünscht keinen Husten!" Als dieses Theater beendet war, wurden wir kompanieweise nach Torgau zur Arbeit geführt. Meist wurden Kohlen geschippt oder Munition in Eisenbahnwaggons verladen. Bei diesen schweren Arbeiten fielen die nächsten aus Schwäche um. Sie wurden dann in einen nächstliegenden Schuppen getragen und blieben dort eine Zeit lang bis zum Besserwerden am Boden liegen. Diese Außenkommandos waren deswegen relativ beliebt, weil man aus den düsteren Mauern der Festung herauskam. Jede Fühlungsnahme mit Zivilisten war natürlich streng verboten und unmöglich gemacht.

Eines Tages geschah ein kleines Wunder: Am Abend kam der Küchenfeldwebel zu uns in unsere Stube und rief: „Wer kann kochen?" Wie ein Blitz kam's über mich und ich rief: „Ich, wer sonst!" Fragte der Küchengewaltige: „Wieso können Sie kochen?" Ich sagte: „Ich habe schon ein Kochbuch geschrieben und kann bayerische Knödel machen!" Das war nicht einmal ganz gelogen, denn ich hatte tatsächlich ein „Kochbuch der Vier Jahreszeiten" zu schreiben begonnen, in dem ich vor allem die guten alten Rezepte meiner Großmutter festhalten wollte, die als Forstmannstochter und Forstmannsfrau vor allem herrliche Wildgerichte bereiten konnte. (Das Buch ist wegen des Kriegsgeschehens nicht weit gekommen. Ich habe es noch heute in Besitz.)

Der Küchengewaltige war offenbar mit meiner Auskunft zufrieden, ich mußte in die Küchenpersonal-Baracke umziehen, in der wir nur einstöckig schliefen – ein großer Vorteil. Die Kochkünste, die ich zu vollbringen hatte, hielten sich in Grenzen: Ich kam in den sogenannten Brotkeller, um dort ab 3.00 Uhr früh Kommißbrote, die tags zuvor mit Lkw angeliefert und im Brotkeller wie Brennholz aufgestapelt worden waren, in

Stücke längs der Brote zu schneiden. Aus jedem Brot mußten 12 Stücke auf einer Handbrotschneidemaschine geschnitten werden. Wir waren 6 Mann und nach 2 1/2 Stunden Schneiden war der rechte Arm halb lahm, aber man gewöhnte sich daran. Da ich halbverhungert war, paßte ich auf, ob es möglich wäre, die unregelmäßig angelaufenen Wülste am Brot abzuschneiden und zu essen. Da keiner meiner Brotschneidekameraden dies tat, fragte ich vorsichtig an. Ein schallendes Gelächter war die Antwort: Sie hatten sich nur so zurückhaltend gezeigt, um mich zum Narren zu halten. In der Tat durften wir Brot essen, soviel wir wollten und besorgten „auf Umtausch" auch aus der eigentlichen Küche die notwendige Butter zur „Brot"-Zeit. Das war zwar nicht korrekt, schmeckte aber gut.

Ich muß hier ein paar Worte einflechten über das Verhalten der Gefangenen untereinander und ich glaube, daß diese Verhältnisse in etwa auch auf zivile Gefängnisse noch heute zutreffen: Im Gefängnis herrscht ein unglaublicher Terror zwischen den Insassen. Wehe dem, der sich egoistisch zeigt, Anzeigen erstattet, aus der Reihe tanzt: Er wird so drangsaliert, daß seine Zeit ein Martyrium wird. Außerdem wird verdeckt mit Kostbarkeiten im Tauschverfahren gehandelt wie Seife, Nadel und Faden, geflochtene Leibriemen, die aus dem Moor-KZ stammen sollten, sogar gelegentlich Zigaretten (oft nur halbe) und Zündhölzer.

So harmlos diese Feststellungen klingen, so muß ich doch noch folgendes festhalten: Die moralischen Folgen einer Haft sind für jeden empfindsamen Menschen verheerend. Er verliert seine seelische Widerstandskraft, die Würde des Menschen, das Gefühl für wirkliche Gerechtigkeit und Wahrheit (denn als Angeklagter kann und darf man ja das Blaue vom Himmel herunterlügen, Hauptsache, es hilft). Auch die Begriffe für „Mein" und „Dein" verschwimmen. Nicht aus Zufall sind viele Täter Wiederholungstäter, wie jeder Gefangenenaufseher bestätigen wird. Die Rehabilitationsversuche unserer heutigen Gesellschaft bleiben überwiegend erfolglos, solange hier nicht gründlich neu nachgedacht wird, z.B. durch Psychotherapien. Die Stufen „nach oben" waren in Torgau in etwa folgende: Der gewöhnliche Gefangene, der mit leerem Magen schuften muß; dann der im Brotkeller Beschäftigte; ihm folgt die höhere Weihe in der eigentlichen Küche; eine feine Sache ist dann die nächste Stufe im Gemüsegarten und die absolute Spitze ist der Gärtnerhelfer im Generalsgarten außerhalb der Festungsmauern. Ich hatte das Glück, diese Stufen unter Überspringen des Küchenhelfers alle zu durchlaufen, worüber so einiges zu berichten ist:

Nach dem Schneiden der Brotscheiben am frühen Morgen wurden die Brotscheiben in großen Körben (wie Wäschekörbe) in den Essen-Empfangshof getragen, die Gefangenen gingen mit flottem Schritt in Reihe am Korb vorbei und bekamen von uns je ein Stück. Das mußte sehr zügig gehen. Da die Kommißbrote zwar in Formen gebacken werden, aber außen öfters etwas auslaufen, waren die Stücke nicht alle gleich groß und man konnte an „Bevorzugte", z.B. die früheren Stubengenossen, gelegentlich ein etwas größeres Protege-Stück abgeben – angesichts des permanenten Hungers dankbar angenommen.

Der Hunger war groß und quälend. In der großen Stube, in der ich zuerst einige Wochen lag, starb einmal ein Kamerad. Wir legten ihn in das 4. Stockwerk hinauf, erklärten ihn für krank und holten seine Brote drei Tage lang und verteilten sie auf alle, immerhin 20 Mann. Dann ging's nicht mehr und der Tote wurde von den Sanis (Sanitätern) abgeholt.

Dem Weihnachtstag fieberten wir lange entgegen in der Hoffnung, etwas Besseres und mehr zu bekommen: Unsere Hoffnungen erfüllten sich, es gab Salzkartoffeln (sonst nur Pellkartoffeln) und eine große Schöpfkelle Lauchsoße darüber! Es war ein herrliches Essen.

Am Nachmittag mußte von uns im Brotkeller die doppelte Menge Brotschnitten hergerichtet werden, die einseitig mit Butter oder Margarine bestrichen, als Doppelbrot mit einer minimalen Zugabe von Käse oder Wurst als Abendessen ausgegeben wurden.

In die Zeit als Brotschneider fiel auch einmal die Abfertigung eines langen Güterzuges, in dem KZ-Gefangene – vor allem wohl „Politische" – nach Norwegen transportiert wurden, um an der Eismeerküste Befestigungen zu bauen. Da Murmansk der einzige, ständig eisfreie Hafen Rußlands am Nordmeer ist, wurden die für die SU so lebenswichtigen amerikanischen Geleitzüge in diesen Hafen geleitet. Das war allerdings nur im dort dunklen Winter möglich, weil im hellen Halbjahr die deutschen U-Boote diese Geleitzüge scharf angriffen. Um den U-Booten Auslaufpositionen zu sichern, wurden dort Befestigungen und Unterschlupf-Möglichkeiten gebaut. Diese Bauarbeiten wurden überwiegend von Gefangenen ausgeführt, die durch Torgau geschleust wurden, weil dort das nötige Begleitpersonal vorhanden war und die große Küche, die notwendige Marschverpflegung herstellen konnte. Unsere Aufgabe bestand nun darin, je Gefangenen vier Doppelbrote herzurichten, die dann von Waggon zu Waggon ausgegeben wurden. Ich konnte verdeckt nur mit einem einzigen Mann sprechen, der mir anvertraute, er sei Beamter gewesen, ich glaube Inspektor, habe Frau und drei Kinder zu Hause und wisse ganz genau, daß er diese nie mehr sehen werde. Er weinte und konnte meine Frage, was er denn angestellt habe, nicht mehr beantworten. Sicher war es nach heutigen Begriffen eine Lapalie, wahrscheinlich wie bei den meisten der Insassen durch eine Denunziation ans Messer geliefert.

Die Bewachungs- und Begleitmannschaften wußten genau, welchem Schicksal diese Menschen entgegengingen, wenn man dies auch nur auf Umwegen in Erfahrung bringen konnte: Die Züge wurden bis zur Endstation in Norwegen gefahren. Dann erhielten die Gefangenen noch mal eine Marschverpflegung und in ihren Wehrmachtsrucksack einen Sack Zement. Der anschließend lange Fußmarsch erschöpfte die meisten bis zum Zusammenbrechen. Das Begleitpersonal hatte den Befehl, solche Männer zu erschießen. Anschließend wurde der Zements des Sackes über den Toten gestreut und damit war „die Angelegenheit" erledigt. Nur relativ wenige kamen überhaupt an die Baustellen und wurden dann dort totgearbeitet. Die Begleiter kamen regelmäßig nach 2-3 Monaten wieder zurück – ohne Gefangene. Dann wurde der nächste Zug zusammengestellt.

Es wurden nicht nur Juden in den Vernichtungslagern umgebracht. Man ging mit Deutschen und anderen Europäern fast ebenso „großzügig" um!

Die Gefängnisgebäude Torgau waren von einem tiefen, breiten Graben umgeben, an den sich nach der steilen Außenseite oben breite Flächen bis zur äußeren Begrenzungsmauer anschlossen. Diese Flächen wurden gärtnerisch genutzt. Die Gärtnerei unterstand einem früheren Berufsgärtner, der eingezogen dort ebenfalls als Feldwebel seinen Kriegsdienst schätzungsweise recht friedlich absolvierte. Natürlich waren im Garten Gefangene beschäftigt, und ich war recht froh, als ich im zeitigen Frühjahr in den Garten geholt wurde. Es war, von der Unfreiheit abgesehen, recht erfreulich im Freien und in der angehenden Frühjahrssonne arbeiten zu können und bei Regen wurden wir auf dem Dachboden mit dem Sortieren, Reinigen und Abfüllen von Gemüsesamen beschäftigt. Das war eine ganz interessante Tätigkeit. Das Reinigen geschah mit ganz kleinen handgetriebenen Windmühlen, die den Staub und Hohlkörper wegbliesen.

Wir hatten im Garten ein kleines Gartenhaus, in dem wir die Pausen verbringen und essen konnten. Natürlich waren wir gut dabei; sobald die ersten Radieschen eßbar waren, hatten wir immer reichlich zu essen. Einmal fingen wir in einem der großen Mistbeete ein Kaninchen, das wir auf dem Kanonenofen im

Gartenhaus kochten. Das war natürlich ein „gefundenes Fressen". Wir waren 5-6 „Gärtner" und eine verschworene Gemeinschaft. Ich erinnere mich an einen, der sich bei Sonnenschein mit Schmieröl (von den Sämaschinen) einrieb und so braun war, als wenn er wochenlang an der Riviera in Urlaub gewesen wäre. Leider ist dieser Mann noch in meiner Zeit standrechtlich erschossen worden, sein Gefängnisaufenthalt war nur ein Zwischenspiel. Er ist sehr tapfer gestorben, wölbte die Brust vor und soll gerufen haben: „Trefft mich gut!" Ihm traue ich das tatsächlich zu, er war ein Draufgänger und ist sicher ein tapferer Soldat gewesen. Auch so ein sinnloser Tod in einem sinnlos gewordenen Krieg.

In dem oben beschriebenen Wallgraben war unter anderem auch der Hühnerhof des Generals. Weiße Leghorn. Wir überlegten lang, wie wir zu einem Huhn kommen könnten und dann kam mir ein vortrefflicher Gedanke: Es ging eine steile, schmale Steintreppe vom Garten in den Graben hinunter. Ich nahm eine Gießkanne mit Wasser, stieg hinunter und lockte die Hühner mit ein paar Brotkrümeln bei. Dann packte ich eines, steckte es mit dem Kopf voraus in die Gießkanne, damit es ertrank. Sodann stieg ich als ganz und gar harmloser Gärtner mit meiner Gießkanne wieder hinauf und ging zu den anderen in das Gartenhaus. Der Jubel war groß, ebenso die Gefahr, entdeckt zu werden, vor allem mußten alle Federn innerhalb der Mittagszeit restlos versteckt werden. Ich gestehe, daß mir das Hühnerfleisch nicht allzu gut schmeckte, aus Angst, es hätte mich jemand beobachtet haben können. Es geschah aber nichts.

Dann kam der große Tag, an dem ich für gut dafür befunden wurde, den Generalsgarten zu bestreuen. Die Auswahl hatte die Generalin persönlich getroffen, die sich die Strafakten von für diese „hohe Auszeichnung" würdigen Gefangenen hatte kommen lassen (das hat sie mir persönlich gesagt). Nun hatte ich das Recht, ohne Aufsicht die Torwache zu passieren und in den Generalsgarten zu gehen. Außer den Gartenarbeiten hatte ich im

Keller des Hauses die Dauerbrand-Heizung mit Koks zu bedienen, wobei mir der Heizungsraum als Aufenthalt zum Essen und Ausrasten diente. Gelegentlich stellte mir die Generalin auch einmal einen kleinen Teller mit belegten Brötchen in den Keller – so aufmerksam können Generalsfrauen sein!

Im übrigen konnte ich den Garten nach Belieben bewirtschaften. Als erste Arbeit reinigte ich die Himbeerhecke von abgestorbenen Trieben des Vorjahres und band die Fruchttriebe sehr regelmäßig im Bogen nach unten an einen Draht, diese sogenannte „Fruchtwaage" soll besonders viele, schöne Früchte bringen. Ob sie's taten, erlebte ich nicht mehr, aber auf jeden Fall sah es gut aus. Dann säte ich Rettich, pflanzte und pflegte den Kopfsalat und zog so ziemlich alles an Gemüse, was jahreszeitlich möglich war. Die Pflanzen stammten „selbstverständlich" aus dem großen Gefängnisgarten.

Item: „Wenn es dem Esel zu wohl ist, geht er aufs Eis" sagt ein Sprichwort und das ging so: Täglich kam zu Generals eine Postbotin, mit der ich gelegentlich ein paar Worte wechselte. Eines Tages fragte ich sie, ob sie mir einen Brief besorgen könne, ich wollte einmal unzensiert nach Hause schreiben. Sie sagte zu. Ich schrieb dann einen Brief an meinen Bruder, wie es mir ging und bat ihn, an die Postbotin ein Päckchen zu schikken, vor allem ging es mir um warme Einlegesohlen für die Schuhe, weil mich sehr an den Füßen fror und um ein paar Zeitungen. Im Gegensatz zur Untersuchungshaftzeit durften wir im Strafvollzug keinerlei Nachrichten per Zeitung bekommen. Die Möglichkeit, Briefe zu schreiben und zu bekommen, war sehr eingeschränkt und auf 14tägigen Briefverkehr minimiert. Da alle Briefe, die nur mit Bleistift geschrieben werden konnten, weil Tinte oder Füllfederhalter zu besitzen, verboten war, gelesen wurden, ist diese Beschränkung bei 5000 Gefangenen verständlich.

Den auslaufenden Briefen wurde jeweils ein Merkblatt beigelegt mit folgendem Inhalt:

„Der Empfang von Pakten, Bildern, Photographien, Rasierklingen, Lebensmittelmarken, Geld- und Briefmarkensendungen in Briefen sowie Rauchwaren, Zeitungen und Zeitschriften jeder Art aus Privathand ist verboten. Trotzdem eingehende Sendungen gehen unfrei an den Absender zurück. Geldsendungen mittels Postanweisung sind erlaubt.

Besuche sind nur nach vorheriger Genehmigung durch den Kommandanten erlaubt. Unangemeldet ankommende Besucher werden grundsätzlich abgewiesen. Der Anschrift des Gefangenen ist immer die Stammrollennummer beizufügen.

*gez.: Remlinger*
*Oberst und Kommandant"*

Aus diesen Gründen war das Absenden eines unzensierten Briefes verständlicherweise sehr verführerisch. Im besagten „illegalen" Brief an meinen Bruder bat ich ihn auch, mir den Versand des Päckchens durch einen getrennten, offiziellen, d.h. über das Gefängnis laufenden Brief, mitzuteilen mit dem Stichwort „im Garten blühen schon die Tulpen und Narzissen".

Wie es das Unglück wollte, kam ausgerechnet an diesem Tag die Postbotin nicht, den Brief ließ ich leichtsinnigerweise im Heizkeller liegen und wieder ausgerechnet an diesem Tag kam der Gärtnerchef in den Keller (zum ersten Mal überhaupt), fand den Brief und hatte nichts Eiligeres zu tun, als ihn dem für den geregelten Strafvollzug zuständigen Major zu geben.

Nun kam, was kommen mußte: Ich wurde selbstverständlich sofort von meinem Traumposten abgelöst und zum Rapport zu besagtem Major befohlen. Dieser bestrafte mich mit 10 Tagen geschärften Arrests, stellte aber zugleich nach Verbüßung des Arrests die frühzeitige Entlassung zur Frontbewährung in Aussicht.

Nun ist der normale Strafvollzug schon eine sehr harte Sache. Innerhalb des Gefängnisses verschärften Arrest zu haben, geht nahe an die Grenze der körperlichen und seelischen Kräfte: Wir wurden zu etwa 12 Mann in einem sehr hohen, feuchten Keller im untersten Kellergeschoß gesperrt, der nur ganz oben ein einziges, kleines, vergittertes Fensterloch hatte. Im übrigen war der Raum „ausgestattet" mit einer Holzpritsche ohne alles, sogenanntes „hartes Lager", die zudem für höchstens vier Mann Raum zum Liegen bot. Wie bekannt, gibt es im verstärkten Arrest nur Brot und Wasser. Das war aber noch nicht das Schlimmste: Das Schlimmste war, daß die Luft nicht zum Atmen ausreichte, vor allem in der Nacht, in der die Türe natürlich überhaupt nicht geöffnet wurde. Um Luft zum Atmen zu bekommen, lagen wir abwechselnd zu dritt am Boden, mit der Nase am untersten Türspalt, um etwas mehr Luft vom Gang einatmen zu können. Es war eine fürchterliche Qual, obwohl ich nicht weiß, ob sie überhaupt beabsichtigt war; denn etwas sagen oder womöglich sich beschweren, war unmöglich und zu riskant.

Jeden Vormittag und jeden Nachmittag wurden wir zum vorgeschriebenen „Spaziergang" aus der Massenzelle geholt und in einen besonders eingegitterten Teil des Wallgrabens geführt, der von nirgends her einzusehen war. Dann übernahm ein riesiger Feldwebel das Kommando über uns und „schliff" uns so grausam, daß wir kaum mehr stehen, geschweige denn laufen konnten. Der Mann war vorher - vielleicht auch nach dem Krieg wieder – Aufseher in einem Zuchthaus. Wenn wir am Ende unserer Kräfte waren, sah ich in seinen Augen ein helles, gelbes Glühen – seitdem weiß ich, an was man einen Sadisten erkennt.

Im selben Kellergeschoß waren auch die Gitterzellen für zum Tod Verurteilte. Diese Käfige aus starken Eisenstäben waren zweigeteilt: In einer Hälfte saß der Delinquent, in der anderen ein „normaler" Gefangener, der aufpassen mußte, daß sich der Todgeweihte nicht vorher selbst das Leben nahm. Ich selbst habe eine solche Wache einmal halten müssen, vorher von Kameraden erfahren, daß sie sehr an die Nerven gingen. Auch die „Henkersmahlzeit" wurde mir bekannt: Die meisten Delinquenten wünschten sich einen Würfel (500 g) Kunsthonig und eine Schachtel Zigaretten. Das bekamen sie auch. Beides zusammen verzehrt bzw. geraucht, soll das Bewußtsein so trüben, daß man keinen Schmerz mehr spürt. Ob es tatsächlich so ist, weiß ich nicht, halte es aber für möglich. Ein von mir darüber befragter Arzt meinte auch, daß vielleicht die hohe Zuckerkonzentration im Gehirn einen gewissen Flüssigkeitsentzug bewirken und sich in einer Bewußtseinstrübung auswirken könnte. Jedenfalls wurde das „Geheimrezept Kunsthonig" unter den Gefangenen weitergegeben.

Die Henkersmahlzeit ist an sich eine uralte Sitte auch in noch grausameren Zeiten der Blutjustiz. Zugrunde liegt aber keineswegs die Absicht, dem Verbrecher einen leiblichen Gefallen zu tun als vielmehr die Angst der Richter und Scharfrichter, vom Geist der Hingerichteten verfolgt und gequält zu werden. Im Mittelalter soll diese Henkersmahlzeit bis zu drei Tage mit gutem Essen ausgedehnt gewesen sein. Man wollte den Delinquenten mit seinem Schicksal gewissermaßen aussöhnen und ihm zeigen, daß man ihm einen letzten Gefallen tun wolle. In derselben Richtung eines Aberglaubens liegt auch schon das Streben der Steinzeitjäger, die Seele des Wildes zu beschwören, keine Rachegefühle zu hegen und das Getötetwerden hinzunehmen. Das Wild, das man tötet, muß man vorher oder nachher versöhnen, um nicht seiner Rache anheimzufallen: Der Jäger würde sonst unversehens zum Gejagten. Auch in unserer aufgeklärten Zeit ist z.B. der als Jagdbrauch überall geübte „letzte Bissen", den man dem gestreckten Wild in den Äser gibt, ein solcher „Zauber". Es gibt da ein schönkitschiges Bild, „Das Begräbnis des Jägers", auf dem alles von ihm erlegte Wild in edler Dankbarkeit dem Sarg des Jägers folgt und für sein Seelenheil betet. Und im „Struwwelpeter" von H. Hofmann schießt auch das Häschen im Blätterwald auf den Jäger. Der hat ihm wohl vorher keine Rübe als Henkersmahlzeit angeboten!

Nun, die Bewachung des zum Tod Verurteilten in der zweigeteilten Gitterzelle (die natürlich verschlossen wurde), war in der Tat eine neuerliche Zumutung: Ich versuchte, mit dem Delinquenten zu sprechen, ihn vor allem selbst zum Sprechen zu bringen, um ihn abzulenken und zu erleichtern. Er war aber sehr einsilbig und in sein Schicksal ergeben. Erstaunlicherweise lehnte er auch den Besuch eines Geistlichen ab, dem nichts übrigblieb, als nur einen Segen zu sprechen. Als ich ihn nach seinem „Fall" fragte, behauptete er nicht – wie meist der Fall – unschuldig zu sein, sondern gab ganz unumwunden zu, einen Nebenbuhler seiner Frau und dann diese selbst mit der Armeepistole erschossen zu haben und sagte: „Ich würde das im gleichen Fall wieder tun!" Seine Hauptfrage war, ob das Erschossenwerden sehr große Schmerzen bereiten würde. In dieser Hinsicht konnte ich ihn auf Grund meiner einschlägigen Erfahrung aus Freiburg beruhigen. „Du wirst den Schlag weder sehen, noch hören, noch spüren!" konnte ich ihm mit voller Überzeugung versichern und er glaubte mir dies auch. Am frühen Morgen wurde ihm zuerst der Kunsthonig gebracht und nach einiger Zeit wurde er zuerst von drei Unteroffizieren mit Ketten gefesselt und dann hinausgeführt. Er wehrte sich nicht und seufzte nur tief auf, als er an mir vorüberging. Es ist mir eigentlich nicht ganz begreiflich, daß sich die Verurteilten vor ihrem letzten Gang nicht mit aller Kraft wehren und schreien, wenn dies natürlich letzten Endes auch nichts helfen würde. Ich war froh, als diese Nacht vorüber war und ich wieder in die „Geschärfte-Arrest-Zelle" zurückgebracht war.

Diese Henkersmahlzeit mit Bewußtseinstrübung halte ich für beispielhaft für die Zeit des 3. Reiches; wenn man nicht zum Kreis der von Anfang an Geächteten und Verfolgten und andererseits nicht zu den „Führern" verschiedener Stufen gehörte, wenn man also ein ganz normaler, deutscher Mensch war, gewissermaßen ein braver, folgsamer Steuerbürger, wollte man von den Mißgriffen und Greulen möglichst wenig sehen und hören. Abgesehen davon, daß die Zustände in einem KZ sorgfältig geheimgehalten wurden, alle dort als Wachmannschaften Eingesetzten zum Stillschweigen verpflichtet waren und etwa Entlassenen mit Wiedereinlieferung gedroht wurde, wenn sie auch nur das geringste aus dem Lager erzählten, wendete man sich als anständiger Mensch von diesen Machenschaften ab.

Die gezielte, raffinierte Propaganda der Partei, die Fahnenflut mit dem intensiv wirkenden Hakenkreuz auf rotem Grund (man lese die Passagen hierzu in Hitlers „Mein Kampf" nach!), die Massenpsychosen bei Aufmärschen und Reichsparteitagen, die Eloquenz Hitlers und Goebbels bewirkten zweifelsohne eine gewisse Bewußtseinstrübung, die ungewollt, wenn auch nicht ganz schuldfrei war. Man ahnte im Unterbewußtsein die unausweichliche, nahende Katastrophe, aber man unterdrückte dieses Gefühl und hielt sich für unfähig, etwas dagegen zu tun. Angesichts der Machtfülle des Parteiapparates und nach der offiziellen Abschaffung der Demokratie und Ersatz derselben durch das Führerprinzip war es wohl auch unmöglich, innerhalb Deutschlands etwas an diesen Verhältnissen ändern zu können. Nur durch Eingreifen der militärischen Leitung konnte ein Sturz Hitlers überhaupt erreicht werden. Daß dies dann tatsächlich ins Werk gesetzt wurde, aber mißlang, wissen wir alle seit dem Attentat des Grafen Stauffenberg.

Über dem Eingang zu den Todeszellen war übrigens ein großes Schild: „Du sollst niemals die Hoffnung aufgeben. General Remlinger." Das war sehr ermutigend! Motto: Wenn man jemanden umbringen will, schadet es nicht, freundlich zu ihm zu sein.

Nach Verbüßen der 10 Tage wurde ich tatsächlich am 16. April

1943 frühzeitig zur Frontbewährung entlassen. Es war ein eigenartiges Gefühl, in Freiheit durch das große Eisentor gehen zu können, in der Tasche einen Marschbefehl zu meiner früheren Einheit in Freiburg i. Br.

Als sich das große Tor hinter mir geschlossen hatte, schaute ich mich nicht mehr nach dem Fort Zinna um.

Es war gewiß nicht die schönste Zeit meines Lebens, als Gefangener in Tegel und Torgau zu sitzen, andererseits möchte ich im Rückblick diese Zeit auch nicht als nur verloren ansehen: Mein Leben war irgendwie inhaltsreicher geworden, viele menschliche Erfahrungen hatte ich gemacht und ich war gezwungen auszuprobieren, wieviel ich körperlich und seelisch zu erleiden im Stande war, ohne mich ganz aufzugeben. Und ich lernte, was letztlich wichtig im Leben ist: Selbstachtung, Geduld, Bescheidenheit und die Kunst des Überlebens. Dieses Lernen hat mich viel Leid und Kraft gekostet, aber es hat mir auch den Blick geschärft. Ich war am Randes des Abgrundes gestanden, aber mein Schicksal war doch noch nicht besiegelt worden.

Die am schwersten zu ertragende Last aus der Erfahrung der Haft und der anschließenden Zeit im Bewährungsbataillon (B.B.) war, den Sieg der deutschen Waffen nicht mehr wünschen zu können. Das war die wirklich tragische Situation so vieler echter Patrioten. Während des ganzen restlichen Krieges wurde ich damit nicht fertig. Es war auch aussichtslos, sich dieses Gefühl von der Seele reden zu wollen und überdies lebensgefährlich. <u>Eine</u> Verurteilung wegen Zersetzung der Wehrkraft war mir genug. Dann schon lieber den „Ehrenvollen Heldentod vor dem Feind", wie es hunderttausendfach in den Zeitungen stand, schwarz umrahmt und mit dem EK geschmückt. Man fühlte, man ahnte das elende Ende des Reiches, jeder Kamerad im BB dachte genauso, aber keiner wagte, darüber zu sprechen, auch nicht im Angesicht des Todes.

Als ich mit meinem „Gepäck", einem Pappkarton mit den wenigen persönlichen Utensilien (man hatte mich sozusagen in das Wehrmachtsgefängnis Freiburg i. Br. ohne alles eingeliefert) durch den Hof ging, in dem ich so oft Essen empfangen und später Brot ausgeteilt hatte, sah ich auf einmal bewußt, daß die großen Kastanien dort schon blühten und dieses Blühen kam mir wie ein Wunder vor. Ich fühlte mich wieder als freier Mensch, ich durfte allein und ohne Aufseher gehen, wohin ich wollte und konnte reden, mit wem und was ich wollte. Aber nach einiger Zeit kam mir auch zum Bewußtsein, daß ich außerhalb des normalen Lebens gelebt hatte, daß ich eigentlich nicht mehr „dazu" gehörte. Jeder, der im Knast war – das sagt schon das Wort „Kn-ast", ein wirklich harter Ast am Lebensbaum – tut sich schwer, den normalen Weg des Lebens wieder zu gehen. Die meisten gefangen Gewesenen sind gehandikapt für ihr ganzes Leben, trotz aller wohlmeinenden Fürsorge- und Wiedereingliederungsmaßnahmen, wie sie heute üblich sind. Dieses Hinausgeworfensein ist auch der Grund dafür, daß so viele (m.W. etwa 50 %) erneut straffällig werden.

Daß ein kriegsführender Staat gegen Desserteure und Verbrecher in den Feldeinheiten nur mit drakonischen Abschreckungsstrafen reagieren kann, ist unbestritten; denn vor allem beim Desertieren ist angesichts des „Heldentodes" die illegale Freiheit von der soldatischen Pflicht zu verführerisch. Das war wohl schon immer so, seit es Kriege gibt. Es ist nur die Frage, wie streng die Militärgerichtsbarkeit hier vorgeht und wo die Grenzen liegen. Neben den unerhörten und wohl unzählbaren Vernichtungsaktionen in den KZ's und Arbeitskommandos auch für Deutsche sind im II. Weltkrieg allein von Feldkriegsgerichten rund 10.000 Todesurteile gefällt und vollstreckt worden. („Der Führer hat von seinem Begnadigungsrecht keinen Gebrauch gemacht" hieß die stereotype Feststellung auf Gnadengesuche vor der Hinrichtung), von zivilen Gerichten, einschließlich Volksgerichtshof in der gleichen Zeit 16.000. Die entsprechenden Zahlen aus dem I. Weltkrieg lauten 141 + 150! Die Zahlen sprechen für sich und beleuchten blitzlichtartig den brutalen Terror, auch gegen die eigenen „Volksgenossen" im II. Weltkrieg.

# Das Bewährungsbataillon

Wie gesagt, ich wurde nach meiner Entlassung in Torgau zu meiner, die sozusagen Verhaftung veranlassenden Einheit in Freiburg i. Br. in Marsch gesetzt. Ich nützte die Gelegenheit, in Berlin kurz Station zu machen und mich im Reichsforstamt über meine, von mir sehr gering eingeschätzten Chancen als Forstmann nach dem Kriege zu informieren. Man war über meinen „Fall" genau orientiert, beruhigte mich aber mit dem Hinweis, daß nach erfolgreicher „Frontbewährung", die üblicherweise mit dem Erlaß der Reststrafe verbunden war, meiner Reaktivierung als Beamter voraussichtlich nichts im Wege stehe. Das war durchaus glaubhaft, weil auf Befehl des Reichsforstmeisters Göring alle jüngeren Forstbeamten und alle Forststudenten entweder in der Luftwaffe oder bei den Gebirgsjägern zu dienen hatten, zwei Waffengattungen, die im Kriege unverhältnismäßig hohe Verluste hinnehmen mußten und nach dem „Endsieg" ein hoher Personalbedarf zu erwarten war. Auf meine spezielle Frage nach einer späteren forstlichen Tätigkeit wurde mir die rosige Zukunft folgendermaßen geschildert: Ein Mammut-Forstamt in den Karpaten oder im Ural von mehreren 10.000 ha Wald, ein Dienstanwesen zur landwirtschaftlichen Selbstversorgung als Mustergut mit großzügiger Personalausstattung, Kinderausbildung auf Reichskosten in Deutschland, alle zwei Jahre ein halbes Jahr Urlaub zur Befriedigung kultureller Ansprüche in Deutschland. So ungefähr waren die Vorstellungen der maßgeblichen höchsten Dienststellen in dieser Zeit auch auf anderen Sektoren, z.B. für die Landwirtschaft. Ich hatte mit eigenen Augen einen Lageplan der Ortschaft Ihringen am Kaiserstuhl gesehen, in welchem alle Bauernhäuser mit roter Farbe bezeichnet waren, die nach dem Kriege abgebrochen werden sollten. Es waren etwas über die Hälfte. Die freiwerdenden (dort besonders wertvollen Weinberge) sollten zur Aufstockung der verbleibenden Bauernhöfe dienen, die anderen Bauern sollten nach dem Osten umgesiedelt werden – wenn nicht anders, dann mit Gewalt. An Stelle der Kirche sollte ein großzügiges Partei- und Gemeinschaftshaus gebaut werden.

Nach diesen Auskünften erinnerte ich mich an Schilderungen meines Studienfreundes Hoinkes im WS 1938/39 in Tharandt. Ich war dort an der Forsthochschule (eine Zweigstelle der TH Dresden), um das vorgeschriebene „externe" Semester abzuleisten. Mein Freund, schon mit dem Studium fertig, wollte dort nachträglich promovieren, war aber schon Forstmeister des Erzbischofs von Lemberg, der in den nördlichen Karpathen umfangreiche Kirchenwaldungen besaß. Sein Forstmeister „residierte" in einem großen Gut mit zahlreichen Pferden, Kutschen, Schlitten und vielseitigem „toten und lebenden Inventar", wie es so schön heißt. Er war der Vertreter des Erzbischofs, der Rechte wie ein Landesherr wahrnahm, unter anderem das ius primae noctis (das Recht auf die erste Nacht). Dieses Recht wurde damals noch regelmäßig ausgeübt: Der Bräutigam stellte seine Braut am Tag vor der Hochzeit dem „Landesherrn" vor und bat um die Genehmigung, sie heiraten zu dürfen. Die Braut blieb die folgende Nacht im Haus und schlief mit dem Herrn auf einem Lager aus Wolfsfellen. Am nächsten Morgen erhielt sie traditionsgemäß ein Goldstück als Geschenk. Hoinkes konnte das alles sehr drastisch schildern, auch die vor Lust blitzenden Augen der jungen Frauen, Schilderungen, die natürlich bei uns Jungen lebhaftes Interesse fanden.

Übrigens war dieses ius primae noctis nicht nur ein Recht, sondern auch eine Pflicht; denn nicht jede zugeführte Braut war jung und resch, es kamen natürlich auch überliegende und häßliche in das Haus. Diese durften keinesfalls abgewiesen werden, ohne wegen einer solchen Beleidigung den Haß und die Rache des Bräutigams herauszufordern, der von diesem Tag an nichts anders mehr im Sinn hatte, als den Verschmäher seiner Braut eines Tages hinterrücks im Wald umzulegen. Dies soll gelegentlich vorgekommen sein.

Der Sinn dieses ius primae noctis war natürlich der Wunsch, daß der Erstgeborene möglicherweise ein Sproß aus edlem Blut sein und vielleicht sogar einmal ein „Herr" werden könnte, wie sein Erzeuger – eine uralte Praxis aller Eroberer.

Die forstliche Tätigkeit des erzbischöflichen Forstmeisters bestand vor allem darin, große Schläge zu führen und das Holz bestmöglich meist an Juden aus Lemberg oder Warschau zu verkaufen. Um das geschlagene Holz auch liefern zu können, war der Bau von Forstwegen notwendig, die regelmäßig von den Käufern finanziert werden mußten. Daraus ergab sich aus wirtschaftlichen Überlegungen die Notwendigkeit zu umfangreichen Kahlschlägen. Gelegentlich waren dann solche Wege schon vorhanden, so daß eine zweite Finanzierung eine erfreuliche „Nebeneinnahme" war. Die wenigsten Holzkäufer besichtigten nämlich die Hiebe vor ihrer Lagerung am Sägewerk, wo die regelrechte Übernahme stattfand. Hoinkes konnte übrigens zu seiner Gitarre sehr schön singen und mancher Abend in unserer Studentenbude in Tharandt bei Frau Tamme bei Volksliedern, vor allem Lönsliedern, aber auch polnisch-ukrainischen Volksliedern blieb mir unvergeßlich.

Als ich in der Uniform eines Fliegers (unterster Dienstgrad) mit dem EK I ostentativ an der Brust durch Berlin ging, fiel das schon einigermaßen auf. Prompt stellte mich auch ein Leutnant zur Rede und verlangte mein Soldbuch zu sehen. Er glaubte wohl, einen Mann ertappt zu haben, der unerlaubt Orden trug, was natürlich streng verboten war. Als er in meinem Soldbuch (das war gewissermaßen der Paß der Soldaten) die Streichung des früheren Dienstgrades und die eingetragenen Orden und Ehrenzeichen gesehen hatte, gab er mir mein Soldbuch wieder zurück und machte <u>mir</u> eine

„zackige" Ehrenbezeigung. Ich hätte um ein Haar laut gelacht. In Freiburg wurde ich von meinen früheren Vorgesetzten und Kameraden (soweit solche noch dort waren) wie ein Nachtgespenst bestaunt. Keiner war wohl darauf gefaßt, mich überhaupt noch mal lebend wiederzusehen. Ich bin überzeugt davon (ohne es im einzelnen zu wissen), daß mein Fall zur Abschreckung weidlich zum Gegenstand von Truppenbelehrungen gemacht worden war. Man beeilte sich offensichtlich, mich bald zu dem Ersatztruppenteil nach Hanau zu schicken, der für das Fliegende Personal der Luftwaffe zuständig war.

In Hanau hatte ich ein schönes Leben: Ich baute auf Befehl innerhalb des Kasernenareals einen großen Gemüsegarten auf und zog dort alle jahreszeitlich möglichen Gemüsesorten, vom üblichen üblen Dienst war ich ganz befreit. Besonders lagen mir am Herzen die Erdbeeren und später die Gurken und Radieschen, von denen ich auch gelegentlich „Muster" dem zuständigen Offizier überbrachte. So war diese Heimatfront erfreulich aufgelockert.

Ich war ziemlich lange in Hanau, weil man zu dieser Zeit höchsten Ortes noch im Zweifel war, ob man Soldaten zur Frontbewährung als Fliegendes Personal einsetzen soll oder ob sie, wie sonst allgemein üblich, zu einem Infanterie-Bewährungsbataillon an die Front geschickt werden sollten. Der Fall Rudolf Heß hatte sich wohl ausgewirkt.

Die Zeit in Hanau hatte auch noch die angenehme Seite, daß im nahen Aschaffenburg meine Eltern und Geschwister wohnten und meine Frau dorthin zu Besuch kommen konnte. Da der Garten am Wochenende „Wachstumsruhe" hatte und ich von jedem anderen Dienst inklusive Wachdienst befreit war, konnte ich mit meiner Familie regelmäßig zusammensein – im Krieg sicher ein seltener Glücksfall.

Letztlich wurde entschieden, daß ich zu einem Bewährungsbataillon der Luftwaffe abkommandiert wurde und diese Truppe bekam als ersten Auftrag, im besetzten Polen sog. Güterwache zu leisten. Wir lagen gruppenweise aufgeteilt in größeren landwirtschaftlichen Gütern, deren Erträge abgeliefert werden mußten und die wir vor Partisanenüberfällen und Plünderungen schützen sollten. Da wir Selbstverpfleger waren, kamen wir abwechselnd mit einem ortsüblichen kleinen Panje-Wagerl regelmäßig in den nächsten Ort, um Lebensmittel einzukaufen. Dort war auch eine Wehrmachtskantine, die wir gelegentlich aufsuchten und in dieser Kantine waren fast immer grünuniformierte Soldaten, deren Truppenzugehörigkeit ich nicht feststellen konnte; es waren aber weder Waffen-SS-Angehörige noch Feldgendarmerie. Des öfteren sahen wir in einiger Entfernung rote Flammenzeichen am Horizont; auf unsere Fragen nach der Ursache dieser vermeintlichen Brände erhielten wir nur ausweichende Antworten und den Hinweis, daß das Gebiet völlig gesperrt sei. Viel später erst erfuhr ich die Wahrheit: Dort wurden „unliebsame" und sogenannte „lebensunwerte" Menschen getötet, in Massengräbern mit Benzin übergossen und verbrannt. Ich halte das deswegen fest, weil nicht einmal uns Soldaten, die relativ nahe bei diesen Vernichtungsstellen lebten, sichtbar wurde, welche Verbrechen sich dort tatsächlich abspielten.

Einen ungewöhnlichen Vorfall möchte ich noch schildern, der sich in den Wochen dieser Güterwache abgespielt hat und der ein kurzes Schlaglicht auf das Verhältnis zwischen Polen und deutschen Besatzern wirft: Natürlich lebten auf dem Gut die üblichen Dienstleute als landwirtschaftliche Arbeiterinnen (Männer waren keine zu sehen, sie hatten sich wohl, wenn noch am Leben, in die Wälder abgesetzt) in barackenähnlichen Häusern und da es im Winter 1943/44 wieder recht kalt war, setzten sich verbotenerweise unsere nächtlichen Streifenposten öfters in diese Buden, um sich aufzuwärmen und gelegentlich einen Schluck Wodka zu ergattern. In einer solchen Nacht hatte ein Kamerad mit dem geladenen Gewehr gespielt oder den Anwesenden das Funktionieren des Gewehrschlosses zeigen wollen – jedenfalls löste sich ein Schuß und traf ein kleines

Polenmädchen von vielleicht 12 Jahren in den Kopf. Es war sofort tot. Das war natürlich ein schrecklicher Fall, der nicht nur dem Mädchen das Leben gekostet hat, sondern auch den Unglücksschützen mit Sicherheit um Kopf und Kragen gebracht hätte: Wachvergehen im Kriege mit Todesfolge! Wir gingen noch in dieser Nacht alle zu den Dienstleuten, drückten ihnen unser Beileid aus, das zum Teil echtes Mitgefühl war, zum Teil von der Sorge geprägt, daß der Vorfall bekannt würde und die entsprechenden Folgen eintreten müßten. Natürlich war großes Weinen und Wehklagen in der Baracke, es wurde aber der Vorfall als Schicksalsschlag aufgefaßt, keinerlei Anzeige erstattet, vielmehr das Mädchen schon am nächsten Tag beerdigt. Ohne Totenschein – es geht auch so. Selbstverständlich waren wir alle beim Begräbnis dabei, wir hatten aus Tannenzweigen und roten, wilden Beersträuchern einen Kranz recht und schlecht gebunden und legten diesen am Grab nieder. Die Polen hatten für unsere Lage volles Verständnis und zürnten uns nicht. Sie wußten aber sehr gut, daß eine Anzeige eine billige Rache für den Tod des Mädchens gewesen wäre. Wir unsererseits haben diese Großmut sehr dankbar aufgenommen und vermerkt.

Der Gutsbesitzer war erstaunlicherweise noch da, es war ein jüngerer, sehr gut gekleideter Mann, der fließend deutsch sprach. Ich machte einmal mit ihm einen Spaziergang durch den Gutswald und staunte über den hervorragenden Pflegezustand der Waldungen und die herrlichen Kiefern, die dort wuchsen.

Noch in diesem Winter wurden wir alarmiert, in eine nahe, größere Garnison gefahren und dort feldmäßig eingekleidet und bewaffnet. Dann wurden wir in Lkw's gepackt und einen langen Tag und eine Nacht an die Front nach Rußland gefahren. Da wir wenig sehen konnten und natürlich auch keine Karte hatten, weiß ich nur, daß wir in die Ukraine südlich Kiew gebracht wurden. In diesem Gebiet mußte sich vorher eine schreckliche Panzerschlacht abgespielt haben. Wir fuhren durch dieses Schlachtfeld (welch' schreckliches Wort, genau genommen!), das von abgeschossenen und ausgebrannten Panzern und noch nicht begrabenen toten Soldaten übersät war. An ein besonders fürchterliches Bild in der Morgendämmerung erinnere ich mich besonders deutlich: In der offenen Ausstiegsluke eines ausgebrannten Panzers hing ein toter, völlig verkohlter und offenbar eingeschrumpfter Soldat an seinen Armen, die Beine angezogen – wie ein Turner am Reck, der einen Bauchaufzug probiert – man verzeihe den Vergleich! Der Verwesungsgeruch in diesem Kampfgelände war fürchterlich und kaum zu verkraften.

Mit höchst gemischten Gefühlen stiegen wir kurz danach aus und wurden in den befohlenen Frontabschnitt geführt. Die Stellungen waren aus Baumstämmen unterirdisch angelegte Bunker, die von Läusen und Flöhen nur so wimmelten. Die Front selbst war ruhig, nicht weit vor uns lagen die Russen in ihren Gräben und Quartieren, meist leerstehenden Bauernkaten. Links und rechts von uns lagen Infanterie-Einheiten und bei gelegentlichen Besuchen stellte sich bald heraus, daß es den kriegserfahrenen Infanterieeinheiten recht unerwünscht war, daß zwischen ihnen eine im Bodenkampf natürlich völlig unerfahrene Luftwaffeneinheit lag, die ausgerechnet aus Bewährungssoldaten bestand. Wie sich schon nach überraschend kurzer Zeit herausstellte, war der Russe genau über die Situation informiert; denn öfters wurden wir durch Lautsprecher aufgefordert, überzulaufen, „es geschehe uns nichts und wir sollten doch nicht so dumm sein, unseren eigenen Henkern zu dienen". Es lief aber keiner über.

Unsere Aufgabe war, die vordere Frontlinie zu sichern und vor allem nachts durch Vorposten einen Überraschungsangriff, wenn schon nicht aufzuhalten, so doch wenigstens zu verzögern und Alarm zu geben. Den russischen Soldaten wäre es wahrscheinlich nicht schwer gefallen, uns zu überrumpeln und die Front aufzureißen. Da wir vor allem nachts in größerer Entfernung das gedämpfte Grollen fahrender Panzer hörten, schwante uns nichts Gutes.

Unsere „Heldentaten" bestanden darin, daß wir gelegentlich eine bewaffnete Erkundung mitmachten: Es galt, nachts einen russischen Vorposten zu überfallen, die Soldaten niederzumachen und mindestens einen lebenden Gefangenen mitzubringen, um die gegenüberliegende feindliche Einheit festzustellen. Das gelang auch bei geringen Verlusten unsererseits gut, der Gefangene wurde auf einen flachen Schlitten, einen finnischen Akja, gebunden und ab ging's zur Vernehmung. Dies schien unseren Befehlshabern sehr wichtig zu sein. Diese „Spähtruppenunternehmen" brachten uns Lob ein, das wir von wegen Frontbewährung schätzten.

Ein weiteres, ähnliches Stoßtruppunternehmen verlief weniger rühmlich: Wir hatten gesehen, daß aus einem Bauernhaus im vermeintlichen Niemandsland zwischen den Fronten gelegentlich Schweine liefen und am Boden herumsuchten. Wir beschlossen, ein solches Schwein zu holen, um unsere gute, aber unregelmäßig ankommende Verpflegung aufzubessern. Wir zogen also ebenfalls mit einem Schlitten los, nutzten das Gelände, um ungesehen an das Haus heranzukommen. Als wir schon auf etwa 100 m herangekommen waren, liefen plötzlich aus diesem vermeintlich leerstehenden Haus eine Menge russischer Soldaten heraus wie die Wespen aus dem Nest und ohne jedes Verständnis für unsere hungernden Mägen fingen sie sogar an, aus allen Rohren auf uns zu schießen. Wir türmten, so schnell uns unsere Füße trugen, wären aber sicherlich nicht mehr lebend zurückgekommen, wenn nicht unsere Infanterie-Nachbarn, die das Unternehmen beobachtet hatten, mit Pak (Panzerabwehrkanonen) und SMG's (schwere Maschinengewehre) die Russen unter Feuer genommen hätten. So türmten nun die Russen ihrerseits und wir erreichten wie durch ein Wunder alle heil wieder unsere Unterstände. Auf den Schweinebraten mußten wir allerdings verzichten. – Im übrigen war das Vorpostenliegen bei Nacht und eisigem Ostwind alles andere als angenehm – ausgestattet mit den üblichen Tuchmänteln und den bekannten „Knobelbechern", den Lederstiefeln, deren Eisennägel in den Sohlen die Bodenkälte ungemildert auf die Füße weiterleiteten. Die große Kälte benahm einem nach einiger Zeit das Denken und schläferte ein. Ich konnte nun gut verstehen, daß Soldaten auf Posten einschliefen und von unverständigen Vorgesetzten bei Kontrolle deswegen vor das Kriegsgericht gebracht wurden. In Torgau wimmelte es von solchen „Missetätern"! Ich selbst bekam durch die Kälte heftiges Zahnweh und war so unvorsichtig, deswegen zum Truppenzahnarzt zu gehen. Dieser zog – wie konnte es anders sein – gleich drei Backenzähne, obwohl die Entzündung wahrscheinlich bei normaler Witterung von selbst wieder vergangen wäre.

Aus den Memoiren Churchills wissen wir heute, welche unglaublichen Mengen an Waffen und Kriegsgerät von den USA und Großbritannien an Stalin geliefert wurden. Eines Tages wurde ich selbst mittelbarer Nutznießer der amerikanischen Materiallieferungen an die UdSSR: Ich fand einen russischen Gefallenen, der nur notdürftig eingescharrt war und dessen Füße aus der Erde bzw. dem Schnee herausschauten, angetan mit schönen Schnürschuhen. Da meine Stiefel nicht mehr dicht und völlig demoliert waren, beschloß ich nach einigem Zögern, mir diese Russenstiefel anzueignen. Mit Mühe nur konnte ich die Stiefel von den steifgefrorenen Füßen ziehen und ich staunte nicht wenig, als ich an einem Stempel feststellen mußte, daß diese rotledernen Stiefel made in USA waren. Ich trug sie lange Zeit und war mit ihrer Qualität recht zufrieden. Dies ist ein Fall, wie einem über das große Kriegsgeschehen kaum orientierten Landser ein kleines Blitzlicht aufgesteckt werden und er weltpolitische Zusammenhänge ahnen kann. Diese Lieferungen, vor allem von Panzern, Artillerie, Munition, Fahrzeugen (ohne welche die großen russischen Offensiven ab 1943 nie und nimmer so zügig gelaufen wären), Treibstoffen und – eben auch Stiefel, wurden überwiegend im Winter über Murmansk verfrachtet, bis dann endlich die 2. Front durch die Invasion Eisenhowers die russische Kriegsführung entlastete. Der Versuch Hitlers, diese umfangreichen Transporte durch Einnahme Leningrads und Unterbrechung der Nachschubbahn von Murmansk, dem einzigen eisfreien Hafen am Nordmeer zu verhindern, scheiterte unter großen Verlusten, die vor allem durch die große Kälte verursacht wurden. Stalin war bekanntlich der Meinung, die Westmächte würden den Krieg bis zum letzten russischen Soldaten führen und lieber jede Menge Material stellen, als selbst Soldaten in die Schlacht zu schicken. Diese Ansicht wurde zwar in der Stunde der Invasion widerlegt, gab Stalin aber in den Konferenzen von Teheran und Jalta entsprechendes Gewicht in den Verhandlungen. Zu dieser Zeit waren sich die Westmächte durchaus nicht sicher, ob Stalin nicht den Krieg beenden und sich mit Hitler verständigen würde.

Als der Winter gewichen war, wurde es wenigstens temperaturmäßig erträglicher. Jeder spürte, daß schwere Kämpfe vorbereitet wurden. Die Russen hatten schon zum Einsatz bei Moskau im Winter 1941/42 eine ganze Anzahl frischer sibirischer Divisionen herangeführt, alles große, starke, tapfere Soldaten in bester Verfassung und Ausrüstung und vor allem an Frost und Winter gewöhnt und trainiert. Es war für unser Bewährungsbataillon ein Glück, daß sowohl die benachbarte Infanterie unserem soldatischen Können mißtraute als auch unsere Offiziere sich sehr unwohl mit uns als Truppe fühlten (um es vorsichtig auszudrücken) und sich bei ihnen die Erkenntnis durchsetzte, wir müßten zuerst einmal infanteristisch „nachausgebildet" werden, ehe wir vollwertige Frontsoldaten wären. Das bedeutete, daß wir zurückgezogen wurden und uns in langen Märschen nach Westen bewegten, von Anfang an durch die russische Frühjahrsoffensive angetrieben. – Gelegentlich war eine mehrtägige Marschpause eingelegt, die wir zum Ausschlafen und Kräftesammeln nutzen konnten. Einmal kam ich in ein russisches Bauernhaus als Quartier, in dem eine alte Frau allein wohnte, die offene Füße hatte und darunter sehr litt. Sie bat mich durch Gesten, ihr zu helfen. Offenbar hielt sie mich für einen Doktor, wie das so oft bei Primitiven Deutschen gegenüber unterstellt wird. Es war eine ganz lustige Sache: Zuerst „verordnete" ich ihr lange, warme Fußbäder und wusch ihr die von altem Dreck steifgewordenen Füße mit meiner Seife und schnitt ihr die krallenähnlichen langen Zehennägel. Sie empfand das schon als kleine Erlösung. Dann nahm ich Weißkrautblätter, klopfte diese mürbe und umband damit ihre Unterschenkel. Verbandspäckchen hatten wir als einziges medizinisches Vorsorgemittel reichlich bei uns. Ich hatte einmal irgendwo gelesen, daß diese Heilmethode mit Krautblättern in solchen Fällen helfen könnte. Tatsächlich wurde die offene Wunde besser, sie schenkte mir beim unvermeidlichen Abschied als Honorar einen ungewöhnlich großen, fetten Kapaun, den sie irgendwo mit Erfolg versteckt hatte, was angesichts der laufenden Kontrolle nach Partisanen und Eßbarem eine Meisterleistung gewesen war. Auch zeigte sie mir, wie man mit primitiven Mitteln einen Kapaun macht, was mich sehr interessierte und ich später auch selbst praktizierte: Die Hoden der Gockel liegen unter den Flügeln, ziemlich tief in der Nähe der Wirbelsäule. Wenn man an der richtigen Stelle einschneidet, fließt kaum Blut und man kann mit dem kleinen Finger in den Körper fahren, den Hoden fühlen, umfassen und einfach herausreißen. Nach dieser „Operation" näht man den Schnitt mit einem stärkeren Faden wieder zu und reibt ein paar feinere Federn über die Wunde, um eindringenden Schmutz in etwa abzuhalten. Das ist die Methode, die von den Bauern Osteuropas vielfach praktiziert wurde. Ob sie heute noch im Schwung ist, weiß ich nicht, aber jedenfalls kann man auch heute Kapaunen kaufen, die bekanntlich besonders zartes, fettes Fleisch haben.

Der Kapaun der alten Frau hat mich tagelang feudal ernährt, das ausgelassene Fett trug ich lange Zeit als Reserve in der Aluminium-Butterbüchse bei mir und verzehrte es nur sehr sparsam bei starkem Hunger.

Ich möchte ein typisches russisches Bauernhaus in dieser südukrainischen Region schildern, wie wir solche oft und oft als Quartier benutzt hatten: Der als Wohnraum und zugleich als Schlafraum dienende Hauptteil des Hauses besteht im Mittelstück vor allem aus einem großen Schlafofen, der zugleich Heizung wie Koch- und Schlafgelegenheit darstellt: Der ganze selbstgebaute Block besteht aus Astgeflecht (meist Weidenäste), das mit Lehm verschmiert ist, so daß eine Gesamtstärke von etwa 10 cm erreicht wird. Solange wir das „Innenleben" dieser Öfen noch nicht kannten, gingen mehrere solcher Häuser unbeabsichtigt in Flammen auf, weil sie von uns zu stark beheizt worden waren und sich die Holzgeflechte im Inneren zu stark erhitzten, so daß sie in Flammen aufgingen. Nach solchem Mißgeschick lernten wir aber bald, maßvoller zu heizen, vor allem mit Weiden- und Birkenzweigen oder Maisstrünken. Im mächtigen Mittelteil des Ofens ist eine halbrunde Feuerungsöffnung, in welcher wie in einem deutschen Backofen Holzfeuer angemacht wird. Tontöpfe mit Deckel, in denen die Speisen (meist Krautsuppen) gegart werden, werden mit einer großen Holzgabel in die Glut hineingestellt. Das Kochen geht auf diese Weise sehr schnell. Besagte Tontöpfe haben oben einen umgebogenen Rand, damit sie von der Gabel gut und sicher gefaßt werden können. Wenn sie nach dem Kochen, das durch Vor- und Zurückziehen der Töpfe sehr gut geregelt werden kann, herausgeholt werden, sind sie äußerlich natürlich schwarz von Ruß. Pfannen werden meist auf einen eisernen Rost gestellt.

Auf beiden Seiten des Hauptofens befinden sich breite, ebenfalls in oben beschriebener Weise gebaute Bänke, die hol sind und ebenfalls durch eigene Schüröffnungen von vorne beheizt werden können. Diese Bänke, oder besser gesagt Liegen, werden natürlich bei Befeuerung wundervoll warm und halten diese Wärme lange, so daß man herrlich darauf schlafen kann.

Die Hauptschlafstätte – wahrscheinlich für das Elternpaar – ist aber der Schlafofen selbst, der eine etwa 1,80 x 1,20 m große Fläche hat, auf welcher mit Sonnenblumenkernen flach gefüllte Säcke liegen. Diese aus selbstgewebtem Leinen hergestellten Säcke dienen gleichzeitig als Matratzen, Kissen und Lebensmittelspeicher. In der Tat kauen die meisten Russen auf dem Land ebenso beharrlich ihre Sonnenblumenkerne wie die Amerikaner ihren Kaugummi, nur dürften die Kerne nahrhafter und billiger sein. Die Kernspelzen werden vom „Hochbett" aus in hohem Bogen auf den Stubenboden gespuckt und es wird hier eine gute Treffsicherheit erreicht. Spucknapf habe ich allerdings keinen gesehen.

Im ganzen gesehen ist eine Stube mit einem solchen Schlafsofa eine ideale Wärmestätte, die mit denkbar wenig und primitivem Heizmaterial auskommt. Sehr zu empfehlen, wenn bei uns eines Tages die Energiequellen versiegen.

Im Verstecken von Lebensmitteln und Kleinvieh waren die Russenfrauen Meister. Ob sie dies in ihrem „menschenfreundlichen" System oder erst während der deutschen Besatzungszeit lernten, weiß ich nicht. Tatsache ist, daß sie auch Schweine in Gruben versteckten und mästeten, ohne daß je ein Grunzton zu hören war. Wenn wir zufällig auf ein solches Versteck stießen, mußte das Borstenvieh natürlich sterben und in die Feldküche wandern. Soweit es unsere Bewährungskompanie betraf, ließen wir aber regelmäßig ein Schwein für die Frauen und Kinder übrig – Männer waren sowieso keine mehr zu sehen, entweder waren sie eingezogen oder als Partisanen im Abseits.

Mit der russischen Bevölkerung hatten wir immer ein gutes Auskommen. Von Partisanenüberfällen einmal abgesehen, bildeten wir mit ihnen eine Art Notgemeinschaft: Wir hatten allesamt Hunger und sehnten uns nach Wärme und Schlafmöglichkeiten.

Die Partisanentätigkeit bildete im Kriegsverlauf eine ernsthafte Gefahr für uns und wurde von der russischen Kriegsführung sehr nachdrücklich betrieben. Eines Tages mußten wir ein Dorf und die umliegenden Einzelhöfe und Wälder durchkämmen, weil dort Partisanen versteckt sein sollten. Bewaffnete Partisanen fanden wir zwar keine, aber alle Frauen und Kinder wurden zusammengetrieben, auf einer Wiese versammelt und bewacht. Auf Anfrage an höherer Kommandostelle, was nun geschehen solle, kam der Befehl, alle zu erschießen. Es wurden „Freiwillige" für diese scheußliche Aktion gesucht und ich schäme mich heute noch für diese meist sehr jungen Soldaten aus unserer Einheit, die sich nicht nur meldeten, sondern geradezu sich drängten, dieses Massaker durchzuführen. Ich ging möglichst weit weg und hörte nur die Maschinenpistolen bellen. Ich erwähne diesen Fall deswegen, weil es vielleicht die Scheußlichkeiten eher verstehen läßt, die russische Soldaten in Ostpreußen später begangen haben – Menschen, denen wir uns ja moralisch so weit überlegen wähnten.

Zu dieser Zeit hatte Stalin den großen „Vaterländischen Krieg" proklamiert und die Russen folgten diesem Appell wohl nicht zuletzt als Reaktion auf die deutsche Besetzung und ihre Methoden. Es lief im Sommer 1944 die zweite große russische Offensive, nachdem schon 1943 die Schlachten bei Kursk, Orel und Charkow das Rückgrat der deutschen Armeen gebrochen hatten. Ebenfalls in diesem Sommer erfolgte dann am 20. Juli das mißglückte Attentat Graf Stauffenbergs auf Hitler in der Wolfsschanze – und wir marschierten ziemlich erleichterten Herzens in Richtung Ungarn zur „Nachausbildung", immer wieder den Schlachtenlärm vor allem der Panzer und der Artillerie im Rücken.

In Ungarn war zu dieser Zeit noch tiefer Frieden. Wir lagen

am Rande der Pußta bei Felegyhaza, einquartiert in der früheren Schule, die wir aber des öfteren auf eigene Faust mit Privatquartieren in Bauernhöfen, die von Volksdeutschen bewirtschaftet wurden, ohne Widerspruch unseres „Geschäftszimmers" vertauschten. Bei solchen Besuchen lernte ich zum ersten Male die eigenwillige ungarische Küche kennen, die trotz der langen Kriegszeit noch alle gewohnten Köstlichkeiten auf den Tisch bringen konnte, angefangen vom Paprikaspeck der seltsam wolligen Schweine bis zu Kuchen und Mehlspeisen mit viel Mohn und Sahne.

Neben den typischen Bauernhäusern, die aus einem einstöckigen Holzgebäude auf einem Sockel aus Stein bestanden und die nach der Hofinnenseite durch überdachte Laubengänge geziert waren, gab es in den größeren Orten wie Felegyhaza auch Häuser, die als Atriumhäuser gebaut waren: Der quadratische Innenhof war völlig von der Außenwelt abgeschirmt und meist mit schönen Blumen bewachsen, vor allem mit Rosen und Malven. Der Innenhof gab allen Wohnräumen eine unbeschreiblich gemütliche und romantische Note, zumal um den ganzen Innenhof ein überdachter Laubengang lief. Die Zimmer waren normal ausgebaut, auch mit Holzfußböden, im Gegensatz zu den älteren Bauernhäusern, die Lehmböden hatten. Diese Lehmböden wurden übrigens peinlich sauber gehalten und am Samstag mit Spritzmustern verziert.

Unser Dienst war gut zum Aushalten: Er bestand in täglichen Exerzier- und Gefechtsübungen auf der brettelebenen Pußta. Von einer effektiven kriegsmäßigen Nachausbildung war natürlich keine Rede. Sie war auch schon deswegen illusorisch, weil kein kampferprobter Instruktor, etwa von der Infanterie, vorhanden war. So dramatisch und grauenvoll zu derselben Zeit der Krieg an der zurückweichenden Front in Rußland in Richtung auf die deutsche Reichsgrenze auch war – wir sahen diese Entwicklung, soweit sie uns überhaupt bekannt wurde, gewissermaßen nur als Zuschauer. Es war zu offensichtlich, daß sich der Krieg totgelaufen hatte und nicht mehr zu gewinnen war, und nach den erniedrigenden Erfahrungen durch Degradierung und Torgau-Haft waren wir alle emotional abgeschaltet.

Während dieser Zeit der „Nachausbildung" in der Pußta, erhielt ich einmal einen Sonderauftrag: Ich sollte in Budapest auf einem Vorortbahnhof einen Güterzug mit Kriegsmaterial übernehmen und weiterleiten. Ich quartierte mich auf eigene Faust in einer in der Nähe des Bahnhofs gelegenen Villa ein und wartete in aller Ruhe auf den Güterzug. Daß er Tag um Tag nicht eintraf, störte mich wenig. Ich hielt lockere Verbindung mit dem Bahnhofskommandanten und sah mir inzwischen in Budapest alles Sehenswerte an, und das war trotz der Kriegszeiten nicht wenig. Die hauptsächlichen Gebäude sind in einem gewissen Zuckerbäckerstil gebaut und haben mir damals und auch später wenig Eindruck gemacht von dem großartigen Blick über Donau und Stadt, von der Fischerbastei aus einmal abgesehen. Dieses Budapester Kommando kam mir an sich recht überraschend; denn so ganz in das System im Bewährungsbataillon (in dem ich noch immer stak) paßte es nicht, aber vielleicht war kein anderer zuverlässiger Mann zur Verfügung.

Bei einem meiner Stadtgänge sah ich zum ersten und einzigen Mal, wie Juden – die alle den Davidstern trugen – von SS-Leuten aus den Wohnhäusern geholt und auf der Straße in langer Kolonne weggeführt wurden. Von den Juden-Vernichtungslagern wußten wir damals tatsächlich nichts und die Deportation lief so ohne Gewaltanwendung, ohne Geschrei und Jammern, geradezu ordentlich ab, daß man auf gar keine Vernichtungsabsicht schließen konnte. Seltsamerweise blieben auch die nichtjüdischen Straßenpassanten völlig uninteressiert; niemand kümmerte sich um die Judenkolonne.

Nach ungefähr einer Woche erreichte mich der Befehl, wieder zu meiner Einheit in der Pußta zurückzukehren. Kurz danach wurde uns erklärt, die „Nachausbildung" sei beendet und wir würden zur Partisanenbekämpfung nach Norditalien verlegt. Dies geschah erfreulicherweise nicht in Fußmärschen, sondern mit der Eisenbahn und wir wurden in Udine ausgeladen und bezogen Quartier in einem Dorf südlich dieser Stadt. Der „Krieg", der sich hier abspielte, war höchst eigenartig: Neben etwas Exerzieren auf dem Sportplatz taten wir nicht viel, aber mehrmals wurden wir von Partisanen beschossen und hatten, ohne je einen Feind gesehen zu haben, eine Reihe von Toten. Regelmäßig nach dem rituellen Begräbnis der Gefallenen mit Ehrensalut und Ansprachen wurde dann eine sogenannte Vergeltungsaktion befohlen, die im Vormarsch in die nahen Vorberge mit dem Ziel der Vernichtung der bösen Partisanen bestand. Bei keinem dieser Vorstöße wurde unsererseits ein auch nur geringer Erfolg erzielt, im Gegenteil wurden wir aus Verstecken heraus immer wieder neu beschossen und hatten auch regelmäßig neuerliche tote Kameraden zu beklagen. Nie allerdings wurden wir gezwungen, irgendwelche Vergeltungsaktionen gegen die überwiegend aus Frauen und Kindern bestehende Einwohnerschaft des Ortes durchzuführen. Es war ein heimlich-unheimlicher „Krieg", wegen des unsichtigen Geländes aber viel gefährlicher als Partisanenüberfälle in Rußland oder Polen, die durchaus erfolgreiche Gegenaktionen unsererseits auslösten, ohne allerdings das Partisanen-Unwesen echt einschränken zu können.

Der Partisanenkrieg war in Rußland in der Endphase des Krieges ein Teil der russischen Kriegsführung und sehr wirksam, vor allem durch die Störung des Nachschubes. Dort habe ich es einmal erlebt, daß ein größerer Waldkomplex, in welchem sich Partisanen aufhielten, von unserem Bataillon und anderen Einheiten durchkämmt wurde. Die dort in Erdhöhlen versteckt hausenden Partisanen ergaben sich nach kurzer Gegenwehr, wurden gefangengenommen und mit Telephondrähten gefesselt, wie Schafe auf Lkw's geworfen und zur Vernehmung und anschließenden Liquidierung weggebracht. Es waren zahlreiche Frauen dabei. Gottlob hatten wir diese Hinrichtungen nicht auszuführen.

Aber zurück nach Italien: In Udine erreichte mich die Nachricht, daß meine „Frontbewährung" bestanden und beendet sei. Ich war sehr froh.

Der Einsatz im Partisanenkampf war eine der hinterhältigen Methoden, unliebsame größere oder kleinere Einheiten „auszuschalten". „Himmelfahrtskommandos" nennen das die Landser. Partisanen kämpfen fast immer mit Unterstützung durch die einheimische Bevölkerung und im Vertrautsein mit der meist unübersichtlichen Umgebung und dem – wenigstens in Norditalien – oft felsigen Gelände, das jede Menge Verstecke bietet. Vor allem aber machen sie im allgemeinen keine Gefangenen, schon aus dem Grund, weil sie gar nicht wüßten, wohin mit diesen. Im Partisanenkampf ist an ein Sicherergeben nicht zu denken, „Du oder ich!" ist die einzige Parole.

Bewährungsbataillone waren also geradezu prädestiniert dafür, in solchen erbarmungslosen Einsätzen sich „bewähren" zu dürfen und so ganz nebenbei dezimiert zu werden. Unsere bis dahin ganz gut weggekommene Kompanie hatte in dieser Zeit in Norditalien erhebliche Verluste. Ich habe sie nicht mitgezählt, aber es waren in den vier Wochen dort mindestens 30-35 Mann.

Angeblich sollen in der Endphase des Krieges auch Wachkommandos aus aufgelösten KZ's im Partisanenkampf, vor allem in Serbien eingesetzt worden sein – mit derselben „frommen" Absicht. Sie wußten wohl zu viel!

Ich wurde als „freier Soldat" zu einer Fallschirmjägereinheit versetzt, die allerdings ohne Fallschirme und ohne Absprungabsichten, vielmehr als normale Infanterie ausgerüstet und bewaffnet war. Diese motorisierte Einsatzeinheit verfügte über holzgasbetriebene LKW's, die in diesem langsam, aber sicher zu Ende gehenden Krieg ein wahres Gottesgeschenk waren: Denn oft und oft streikten diese Maschinen, so daß wir selten unser Tagesziel erreichten: Entweder entstanden sogenannte Hohlbrenner in den Vergasungsöfen oder es stand kein Holz zur Verfügung. Man benötigte verhältnismäßig große Mengen Holz, das in Größen von etwa Zündholzschachteln aufbereitet sein mußte. Jedenfalls gingen die Truppenbewegungen mittels dieser Holzgaser sehr langsam vor sich – ein wahres Glück. Jedermann hatte in dieser Endphase des Krieges das Streben, nicht noch am Ende sein Leben zu verlieren. Andererseits war es nicht minder lebensgefährlich, als Deserteur von der Feldgendarmerie oder der SS aufgegriffen zu werden, die rücksichtslos solche Soldaten erschossen oder aufhängten.

Mein Marschbefehl zur o.g. motorisierten Einheit lautete auf eine Stadt im Rheinland, deren Namen mir entfallen ist. Die Fahrt führte mich aber natürlich über meinen, d.h. meiner Familie Wohnort in Pürten bei Mühldorf am Inn. Ich requirierte noch schnell ein paar herrenlose Puten und Hühner und für den Transport einige aus Holzspänen geflochtene Körbe und ab ging's mit der DB. Vorher hatte ich noch meiner Frau telegraphiert, sie solle mit dem Kinderwagen zum Bahnhof Pürten kommen, dem heutigen Waldkraiburg. Sie erschrak zwar deswegen, weil sie sich nicht denken konnte, zu welchem Zweck ich einen Kinderwagen angefordert hatte, war dann aber über die Bereicherung des Küchenzettels und Aufstockung unserer Hühnerschar sehr glücklich.

Schöne Stunden in der Familie und im damals noch so urwüchsigen Forsthaus Pürten: Pürten war ursprünglich eine sogenannte Forstamtsaußenstelle des Forstamts Mühldorf, besetzt wie üblich mit einem Forstassessor, der hier in guter Lage und abseits vom Schuß d.i. von seinem Vorgesetzten in Ruhe und Beschaulichkeit auf seine Berufung zum Amtsvorstand warten konnte. Bedauerlicherweise sind alle diese Forstamtsaußenstellen noch vor Kriegsbeginn aufgelöst worden und die Stelleninhaber wurden als sogenannte Forstmeister ohne Revier (Fm.o.R.) an die Forstämter zur Unterstützung der Amtsvorstände versetzt: Eine Quelle häufiger Reibereien und für beide Teile personeller Unerquicklichkeiten.

In Pürten war dieser Zustand auch durchexerziert worden und das Forsthaus stand im Kriege leer, so daß der erste Stock uns, d.h. meiner Familie (trotz meiner Verurteilung und Entlassung als Beamter) als Mietwohnung zugewiesen werden konnte. Es war ein echtes Forsthaus mit großem Garten, in dem ganz ausgezeichnete, wenn auch sehr alte und hohe Obstbäume standen. Am Eingang beschatteten zwei riesige Walnußbäume die nebenstehende große Terrasse. Im Herbst spendierten diese Urbäume einen ganzen kleinen Berg von Nüssen – eine Kostbarkeit in der damaligen Lebensmittelmarkenzeit. Auch die vorhandenen Kirsch-, Birnen- und Apfelsorten waren hervorragend, es muß einmal ein ausgesprochener Obstkenner diesen Garten angelegt haben. Eine Besonderheit war noch eine riesige Balkonterrasse, die auf zwei nachträglich angebaute Geschäftszimmer aufgebaut war und die im Sommer bei gutem Wetter der Hauptaufenthaltsraum für meine Frau und unser kleines Söhnchen war, das hier herrlich spielen konnte. Neben Hühnern hielt meine Frau ein Schaf, das im Obst-Grasgarten lebte und den Rasen kurz schor. Das war die durchaus erfreuliche Situation, die ich im „Vorüberfahren" dort als „Urlauber auf Ehrenwort" antraf.

Das Glück konnte nur von kurzer Dauer sein, denn ich mußte wohl oder übel zu meiner neuen Einheit und das tat ich denn dann auch. Ich traf sie in Holland an, wo wir hinhaltenden Widerstand gegen die langsam, aber unaufhaltsam vordringenden Amerikaner leisteten.

Die Kampftaktik der Amis war insofern bemerkenswert, als sie auf Sicherheit des Erfolges und Ersparen unnötiger Menschenverluste aufgebaut war: Wenn unsererseits ein ernsthafter Widerstand geleistet wurde, kam ein Feuerhagel von Artillerie,

Panzerkanonen und Bomben über uns, der zwar wenig Verluste für uns brachte, aber eine unüberhörbare Aufforderung war, uns aus dieser Stellung zurückzuziehen.

# Der Endsieg

Der von Goebbels' Propaganda immer auf's neue zugesicherte Endsieg ließ auf sich warten. Auch die in Flüsterpropaganda nur ein Schattendasein führenden „Geheimwaffen" waren in Wirklichkeit nicht vorhanden. Wenn „die Führung" darunter die Atombomben gemeint und erhofft haben sollte, so hätte sie vor allem diejenigen Wissenschaftler, die eine solche Bombe hätten bauen können, nicht zur Emigration zwingen dürfen.

Der langsame Rückzug unserer „Einsatzeinheit" in Holland nach Osten war ein beinahe gemütlicher Krieg. Wir lagen überwiegend in Privatquartieren und dabei lernte ich die eigenartigen Schlafalkoven kennen, die in der kalten Jahreszeit zwar ganz schön warm hielten, aber sonst bei geschlossenen Schiebetüren doch einen dumpfen, ungelüfteten Eindruck machten. Da man nur von einer Längsseite an das Bett treten konnte, war das „Bettenbauen" verhältnismäßig schwierig. Aber das machte wohl wenig aus; denn wie es auch mehr oder weniger ordentlich aussah, bei geschlossenen Schiebetüren war es auf jeden Fall bestens aufgeräumt!

In diese Zeit fiel auch die Eroberung Berlins durch die Russen und der Tod Hitlers am 30. April 1945, der uns zwar als Heldentod dargestellt wurde, aber jedermann wußte, daß dies nicht wahr war. Ich empfand es als ausgesprochen lächerlich, daß wir sofort nach Hitlers Tod auf den neuen Oberbefehlshaber und Nachfolger, Großadmiral Dönitz, vereidigt wurden. Man kann über die Vereidigung der Soldaten verschiedener Meinung sein. Einen gewissen Sinn sehe ich darin, wenn – wie im Mittelalter – Söldner auf ihre jeweiligen Feldherrn und Brötchengeber vereidigt wurden, weil jenen natürlich jede nationale und moralische Bindung an die „Sache" fehlte. Es wäre interessant, eine Geschichte des Fahneneides zu schreiben. Bei der politischen und militärischen Situation Ende April 1945 war eine

Vereidigung eine reine Farce und wurde auch so von uns allgemein empfunden.

Es ist mir einigermaßen zweifelhaft, ob die Vereidigung auf Großadmiral Dönitz als Oberbefehlshaber der Wehrmacht und Nachfolger des „Führers" überhaupt rechtens verlangt werden konnte. Wir legten sie zwar mit der allmählich gewohnten Wurstigkeit ab, nicht ohne uns über dieses „Affentheater" lustig zu machen; aber eigentlich hätte man es nicht tun sollen: Denn ein Eid ist eine ernsthafte Sache, vor Gericht zur feierlichen Versicherung, die Wahrheit zu sagen oder als Treuegelöbnis zum ... ja, zu wem nun in diesem April 1945, wenige Tage vor der bedingungslosen Kapitulation? „In Erfüllung ihres Fahneneides auf dem Felde der Ehre" sind sie alle gefallen, die Millionen braver und tapferer Soldaten. Auch in diesen letzten Stunden des Reiches war man zerrissen zwischen Pflichtgefühl und nationaler Ehre und der Sinnlosigkeit des Vorganges und noch immer in Unkenntnis der im Namen der eigenen Nation begangenen Verbrechen. Die deutsche Nation, die an diesem Tag des späten Fahneneides auf Dönitz schon ihrem Ende als Staat entgegenging, sie war stark genug gewesen, gegen fast die ganze übrige Welt zu stehen und dieser zu trotzen. Nun lag sie am Boden – mit und ohne Fahneneid, das war offensichtlich.

Der Präsident des Volksgerichtshofes Freißler hatte immer wieder mit sich überschlagender Stimme den Angeklagten, vor allem auch nach dem Putschversuch vom 20.7.1944, den Bruch ihres Fahneneides zur Last gelegt, der nur mit dem Tode bestraft werden könne. Zweifellos hat er mit dieser Theatralik beim Volk und bei den meisten Soldaten Eindruck gemacht. Aber hatte Adolf Hitler nicht selbst den Eid gebrochen, den er bei seiner Berufung zum Reichskanzler in die Hand des greisen Reichspräsidenten zum Nutzen und zum Wohle des deutschen Volkes abgelegt hatte, als er bei einer seiner letzten Reden am 9.11.1944 erklärte, das deutsche Volk sei nicht wert, weiterzuleben, wenn es nicht durchhalte und diesen Krieg nicht gewinne, zu einer Zeit also, als die deutschen Städte in Schutt und Asche lagen und der Krieg militärisch verloren war? Und sein Reichspropagandaminister, Dr. Goebbels, hatte die freundliche Aussicht eröffnet, daß siegreiche Feindtruppen bei ihrem eventuellen Einmarsch ein schlafendes deutsches Volk vorfinden würden, wobei es unklar blieb, was er damit gemeint hatte, etwa eine Giftgas-Massenvernichtung?

Was mußte in dieser Situation als bindend anerkannt werden, das Recht oder der Wille des nicht mehr lebenden Führers? Durch die in ihrem Ergebnis eindeutigen Wahlen von vor 1933 wurde der Wille des Führers vom deutschen Volk legalisiert, trotz aller „Wenn" und „Aber". Und ER hatte dann das Führerprinzip zu einer Art Verfassung gemacht, ohne eine solche Verfassung zu erlassen oder beschließen zu lassen. Nach seinem Tode konnte die Treue zu ihm nicht mehr bindend sein und auch nicht mehr sein „letzter Wille" aus der zerschossenen Reichskanzlei in Berlin, der Dönitz zu seinem Nachfolger bestimmt hatte.

Gegen Adolf Hitler und seine NSDAP war nach 1932 kein Kraut mehr gewachsen. Seine ursprüngliche Absicht, die Macht im Staate durch einen Staatsstreich an sich zu reißen, hatte er nach dem mißglückten Marsch an der Feldherrnhalle in München und in der Besinnungspause im Gefängnis in Landsberg a. d. Lahn aufgegeben. Die SA marschierte zwar weiter „in ruhig-festem Schritt" und ermordete ihre aktiven Gegner, vor allem die Kommunisten, mit ebenso ruhig-festen Messerstichen. „Unsere Ehre heißt Treue!" stand auf den Dolchen eingraviert. Aber Hitler war so schlau, die parlamentarische Macht legal – also über Wahlen – zu erobern und der greise Generalfeldmarschall v. Hindenburg war zu verfassungstreu, ihm nach dem Wahlausgang 1932 die Kanzlerschaft zu verweigern, obwohl es ihm offensichtlich schwer fiel, den „Böhmischen Gefreiten" (wie er ihn nannte) zum Reichskanzler zu ernennen. Deutschland ging zugrunde, nicht erst 1945, sondern schon 1932. Aber zu dieser Zeit war (um ein jagdliches Bild zu gebrauchen) der Trieb abgestellt, die Treiber an Ort und Stelle in ihrer Linie. Aber noch niemand wußte, welches Wild im Trieb steckte und noch viel weniger, welche Stücke am Ende der Treibjagd auf der Strecke liegen würden.

Nun war im Mai 1945 alles offenkundig. Die neuerliche Vereidigung wurde von uns Soldaten hingenommen, sogar ohne „Blitzableiter". (Das ist eine alte, früher abergläubisch geübte Sitte auf dem Land, beim Heiligen Eid die linke Hand mit drei gespreizten Fingern nach unten zu strecken. So könne nach diesem Volksglauben dem Schwörenden bei einem Meineid nichts passieren.)

Dies war übrigens schon meine dritte Vereidigung: Die erste 1934 auf die Verfassung des deutschen Reiches, die zweite auf den Führer und Oberbefehlshaber der Wehrmacht, Adolf Hitler, und nun die dritte auf Dönitz. Dönitz war übrigens im 1. Weltkrieg als U-Boot-Kommandant in englische Gefangenschaft geraten und von den Engländern bis Kriegsende als Geisteskranker in einem Irrenhaus interniert gewesen.

Wenige Tage danach unterschrieb Generalfeldmarschall Keitel die bedingungslose Kapitulation für die gesamte deutsche Wehrmacht: Der Krieg war zu Ende.

Uns allen fiel ein Stein vom Herzen. Das Gefühl, diesen langen, gefährlichen und rücksichtslos geführten Krieg lebend und unversehrt überlebt zu haben, ließ alle Sorgen nach der zunächst völlig undurchsichtigen Zukunft verblassen.

Am Tage der Kapitulation befanden wir uns in der Nähe der Nordseeküste, nördlich von Aurich. Ich „perfektionierte" noch meine formelle Frontbewährung durch ein von mir selbst entworfenes Schreiben, das der Kommandeur des sogenannten Einsatzstabes, Weiß, auch ohne mit der Wimper zu zucken, unterschrieb. Es enthielt neben der Feststellung der erbrachten Frontbewährung auch den Hinweis, daß meiner Wiedereinstellung als Beamter nichts mehr im Wege stehe und meine Beförderung zum Unteroffizier, die an sich ein Unfug war, aber unter Umständen Vorteile in einer befürchteten Gefangenschaft hätte bringen können.

Wir verhielten uns zunächst still und halfen den Bauern, oder besser gesagt, den Bauersfrauen, in Hof und Garten und harrten der Dinge, die da kommen sollten.

Es sickerte durch, daß wir in einem großen Raum, der im Norden und Osten von der Nordsee, im Süden und Westen vom Ems-Jade-Kanal begrenzt war, von den Engländern interniert waren, die als erstes unsere Waffen zur Ablieferung verlangten. Die konnte sie gerne haben.

Dann wurden nach einiger Zeit innerhalb dieses Internierungsraumes Entlassungslager eingerichtet und als erste die Landwirte zur Entlassung vorgesehen, um die heranreifende Ernte zu sichern. Da ich mich als Forstmann zur Landwirtschaft rechnete, meldete ich mich sogleich und wurde tatsächlich mit dem ersten Schub aus unserer Einheit in ein solches Entlassungslager geschickt.

Das „Lager" bestand aus einer Anzahl großer Zelte, in denen wir ohne alles, nur mit unseren verdreckten Uniformen und einem Brotbeutel am Boden saßen oder lagen. „Der Einfachheit halber" erhielten wir weder etwas zu essen noch zu trinken. Die Siegermacht war offenbar der Meinung, daß Soldaten, die diesen Krieg überlebt hätten, auch noch ein paar Tage ohne Essen und Trinken aushalten könnten. In der Tat war dies möglich, die Lagertage waren nur wenige und wir hatten noch Verpflegungsreste an Kommißbrot und Büchsenfleisch bei uns. Starke Raucher vermißten natürlich ihre Nikotin-Stengel und die Beobachtung, daß solche Raucher ihre letzte Brotscheibe für eine oder eine halbe Zigarette hingaben, hat mich für mein ganzes Leben vom Rauchen entwöhnt (von den bei Jagdpirschen angezündeten Zigarren abgesehen, die aber weniger dem Nikotingenuß als vielmehr dazu dienten, den Wind in seiner genauen Richtung feststellen zu können – eine wichtige Voraussetzung für den Jagderfolg, zumal im Hochgebirge).

Die Entlassung selbst war eine kurze Formalität, nachdem die englische Entlassungskommission etwaige SS-Leute und gesuchte Nazis ausgesucht hatte. Gegen Hingabe des Soldbuches erhielten wir einen Entlassungsschein in englischer Sprache, mußten den landwirtschaftlichen Betrieb in der britischen Zone angeben, in dem wir arbeiten wollten. Glücklicherweise hatte ich bei einem kurzen Lazarett-Aufenthalt in Goslar in der Osterzeit 1942 die Familie des Grauhofes bei Goslar kennengelernt, die mir und meiner Frau, die mich dort besuchen konnte, einige Tage Gastfreundschaft gewährt hatten. An diese schönen Ostertage denke ich heute noch mit Freude und Dankbarkeit zurück. Dorthin ließ ich mich vom Arbeitsamt Goslar als landwirtschaftlicher Arbeiter „vermitteln". Diese Zuweisung war nötig, um Lebensmittelmarken zu bekommen; denn ich war kein Soldat mehr, sondern wie alle auf diese zivile Errungenschaft angewiesen. Mein Wiedersehen im Grauhof war verständlicherweise nur kurz, ich wollte natürlich baldmöglichst zu meiner Familie kommen, von der ich längere Zeit nichts mehr gehört hatte. Meine ungeliebte Uniform tauschte ich in ein ziviles Hemd und eine kurze Hose um und fuhr voller Optimismus mit einem Fahrrad Richtung Süden.

Dieses Fahrrad hatte ich auf eine etwas unsanfte Weise einem Italiener abgenommen. Die damals in Deutschland noch lebenden ausländischen Kriegsdienstverpflichteten, Gefangenen und Zivilarbeiter trugen ihre Nationalfarben als kleine Ansteckfähnchen an der Brust, damit man sie als solche erkennen konnte und sollte. So war es ein leichtes, einen solchen Makkaroni-Esser auszumachen und ihm das sicher gestohlene Radl abzunehmen. Da keinerlei öffentliche Verkehrsmittel in Betrieb waren, war ein Fahrrad die einzige und beste Art, an ein hunderte von km entferntes Ziel zu kommen, zumal mein Gepäck recht leicht war: Es bestand aus einem Brotbeutel.

Auf dieser langen Fahrt habe ich viel erfreuliche Hilfe erfahren, sowohl von deutschen Landsleuten als auch – nach Überwechseln in die amerikanische Zone – von Amis (wie wir die US-Soldaten nannten). Wenn man gegen Abend in einem deutschen Haus um Quartier bat, wurde man ohne weiteres aufgenommen und verpflegt. Sicher war wohl in jeder Familie ein Mann oder Sohn gefallen oder vermißt und die zu Hause gebliebenen Frauen bemutterten einen Soldaten auf der Heimreise gewissermaßen stellvertretend für den eigenen Angehörigen. Viele schreckliche Schicksale mußte man bei diesen Abenden anhören. Aber man tat es gerne, wenn man merkte, daß es die Sprechenden erleichterte. Damals habe ich erfahren, wie schön echte Gastfreundschaft ist.

Das Überwechseln von der britischen in die amerikanische Zone erfolgte erstaunlicherweise ohne jede Schwierigkeit. Jeder Landkreis hatte einen mehr oder weniger selbstherrlichen Gouverneur. Die Landkreisgrenzen waren mit Schranken geschlossen und von Posten bewacht – wie im Mittelalter die Grenzen der Möchtegernfürsten. Die Wachposten verlangten mit dem Wort „Paß!" die Papiere zur Kontrolle. Ich machte dabei die erstaunliche Erfahrung, daß die Amis nicht feststellen konnten, ob mein Entlassungsschein von einer britischen oder amerikanischen Einheit ausgestellt worden war.

Die Entlassungsformulare waren nämlich für beide Besatzungsmächte in England gedruckt worden und nur an der Rgt.-Nr. des Stempels hätte man feststellen können, ob die Entlassung von einer britischen oder einer amerikanischen Einheit erfolgt war – und das konnte keiner feststellen, obwohl gelegentlich Verdacht aufkam. Da die US-Regierung den Befehl ausgegeben hatte, daß alle aus anderen Besatzungszonen in die US-Zone heimkehrenden Soldaten erst noch einmal durch ein US-Lager geschleust werden mußten, ersparte mir mein Entlassungspapier diese unliebsame Verzögerung meiner Heimkehr.

Zwei Vorfälle dieser Odyssee sind mir in besonderer Erinnerung geblieben: Ich ließ mich bei Gelegenheit als „Tramper" von amerikanischen Trucks mitnehmen. Das ging ganz gut: Das Radl wurde mit den Lenkern in die hintere Bordwand eingehängt und ich saß auf und sparte mir auf diese Art viel Zeit und Kraft. Einmal hielt ein solcher Konvoi in einer mitteldeutschen Stadt und mir wurde bedeutet, daß hier übernachtet würde und am anderen Morgen die Fahrt in Richtung Frankfurt weiterginge. Das war mir recht; denn meine Eltern und Geschwister lebten in Aschaffenburg und ich konnte sie so leicht besuchen und mich von den Überlebensverhältnissen überzeugen, ehe ich in Richtung Mühldorf zu meiner eigenen jungen Familie weiterfuhr. In besagter Stadt bekam ich Unterschlupf in einem großen Mietshaus und als ich am Morgen auf dem Parkplatz auf die Weiterfahrt wartete, stand dort ein ellenlanger schwarzer Amisoldat, der aus der Brusttasche seiner Feldjacke bündelweise deutsche Reichsmarknoten herausfingerte, diese hoch in die Luft warf, daß sie wie Konfetti im Fasching herunterwirbelten. Die den Neger umringenden deutschen Kinder balgten sich um die Geldscheine und der GI lachte über sein ganzes gutmütiges Gesicht. „Du 2. Klasse, wir 2. Klasse, wir uns gegenseitig helfen!" sagte er beim Einsteigen. Es war lustig, dieses Treiben zu sehen und zugleich traurig festzustellen, welchen „Wert" das deutsche Geld in Wirklichkeit hatte. Als Soldat mit geringem Wehrsold hatte man ja keine Ahnung vom wahren Wert der deutschen Reichsmark.

Ein anderer Vorfall hätte leicht weniger lustig ausgehen können: Ich war wohl etwas weit nach Osten ausgebogen in dem Bestreben, auf keinen Fall unbeabsichtigt in die (mir damals völlig unbekannte) französische Zone zu gelangen; denn von den Franzosen ging das Gerücht um, daß sie jeden deutschen Heimkehrer vereinnahmen und in ihren Gefangenenlagern unmenschlich behandeln würden. In diesen Tagen ließen andererseits die Amerikaner die Russen bis an die Westgrenze Thüringens vorrücken – ein Nachgeben, das mir von jeher und bis heute unverständlich blieb. Ich wußte als „Radfahrer zwischen den Mächten" natürlich nichts davon, hatte auch keine Karte, um mich zu orientieren. Plötzlich sah ich russische Soldaten auf der Straße, die sich mit Pfählen und dem Aufstellen von Schranken beschäftigten. Das Herz wollte mir in die Hose rutschen, an ein Umkehren war nicht zu denken, um keinen Verdacht zu erregen. So fuhr ich mit dem gleichgültigsten Gesicht der Welt durch die Russengruppe auf der Straße weiter. Sie hielten mich auch nicht auf. Es muß der Tag der Installierung der Westgrenze der russischen Zone gewesen sein, die ich nichtsahnend passierte.

Auf diese etwas abenteuerliche Weise kam ich nach Aschaffenburg. Meine elterliche Familie war in Rohrbrunn im Spessart bei meiner Schwester versammelt, deren Mann als Forstmeister im ehemaligen königlichen Jagdschlößchen seine Dienstwohnung hatte. Dort erfuhr ich, daß mein Schwager noch an der Ostfront gefallen war, daß aber alle anderen Familienmitglieder am Leben waren. Aschaffenburg war in den letzten Kriegstagen durch Bomben und Artillerie arg verwüstet worden, so daß sich das Forsthaus in Rohrbrunn als Fluchtburg anbot. Mit der „Fluchtburg" war es allerdings nicht weit her gewesen: Die sehr vorsichtig durch den tiefen Wald des Spessarts vordringenden Amis hatten das Jagdschlößchen beschossen, weil irgend ein Mann ihnen gesagt hatte, dort hätte sich SS verschanzt. Es gab erhebliche Schäden, vor allem am Mobiliar meiner Schwester. Erst als mein Bruder ein Bettuch als Zeichen der kampflosen Übergabe hißte, stellten sie die Beschießung ein. Als sie dann hörten, daß das Schlößchen früher als königliches Jagdhaus gedient hatte (das war allerdings etliche 30 Jahre her), strömten alle möglichen US-Einheiten zur „Besichtigung" herbei und marschierten einige Tage pausenlos durch die „königlichen" Räume, die dort sehr bescheiden und relativ klein sind. Da jeder GI sämtliche Schränke und Schubladen öffnete, kann man sich vorstellen, wie die Wohnung nach diesem Besichtigungsrummel ausgesehen hat.

Ich blieb nur einen Tag in Rohrbrunn, vervollständigte meine Garderobe mit einer grünen Forstdienstmütze meines Schwagers und fuhr dann erwartungsvoll in zwei Tagen mit dem Radl nach Pürten bei Mühldorf am Inn, wo wir in dem vorher leerstehenden Forsthaus wohnten.

Im Forsthaus Pürten, normalerweise still und romantisch vor sich hinträumend in seinem herrlichen Garten mit zwei riesigen Nußbäumen am Eingangstor, war in den letzten Tagen des Krieges allerhand Bewegung: Zunächst kamen des öfteren deutsche Soldaten auf dem „siegreichen Rückzug" durch Pürten und wurden natürlich über Nacht im Fremdenzimmer im Obergeschoß einquartiert. Die letzten Vaterlandsverteidiger waren dann die Pioniere, die bei Morgengrauen vor ihrem endgültigen Abmarsch die Brücke sprengten. Amerikanische Tiefflieger überflogen laufend das Forsthaus im Anflug auf die Munitionsfabrikation und den wichtigen Rangierbahnhof Mühldorf. Nach einigen Bombeneinschlägen in der Nähe gingen dann doch auch die Forsthausbewohner in den Keller, wenn die Luftalarmsirenen heulten. Unser Söhnchen Joachim fand das sehr interessant und unterhielt die Luftschutzsuchenden pausenlos mit seinen immer neuen Einfällen. Als einmal die genannte Frau Bormani im Keller vor Angst und Nervosität weinte, sagte er: „Schau, Mutti, die Bormännin weit! Haha!"

Das Forsthaus Pürten liegt neben dem Innkanal, und da in den letzten Kriegstagen sowohl die Brücke über den tief eingeschnittenen Kanals als auch die Innbrücke bei Kraiburg von den deutschen Truppen gesprengt worden waren, wohnten wir gewissermaßen auf einer Insel. Die Sprengung der Kanalbrücke war höchstwahrscheinlich für uns eine gute Sache, weil wir vorher in Sorge lebten, daß die im großen Munitionswerk im

Staatswald Mühldorf (dem heutigen Waldkraiburg) beschäftigten Zwangsarbeiter und KZler sich raubend und mordend nach ihrer Befreiung in's Land ergießen könnten und Pürten dann der nächstgelegene Ort gewesen wäre. Es war dann in der Tat so, daß in diesen ersten Wochen nach Kriegsende verschiedene Überfälle auf Bauernhöfe in der Nähe, aber nördlich des Kanals erfolgt sind.

In Erwartung derartiger Überfälle auf das Forsthaus Pürten, in dem damals nur drei Frauen und zwei Kinder, nämlich meine Frau Annemarie, meine Schwiegermutter aus dem zerbombten München und die Frau eines Ingenieurs in den Munitionswerken im nahen Mühldorfer Hart (Staatswald Mühldorf) mit ihren Kindern wohnten, hatte ich schon längere Zeit vor Kriegsende meinen Jagdgewehrschrank etwas angereichert mit einer MP (Maschinenpistole) und einigen zugehörigen Magazinen, einer Pistole und sechs italienischen Eierhandgranaten. Ich hatte meiner Frau, die als Jägerin mit Waffen umgehen kann, in einem der letzten Urlaube eingeschärft, sie müßte zusammen mit den wenigen in Pürten noch vorhandenen Männern nur die schmale Brücke über den Innkanal besetzen und gegen eventuell vordringende Plünderer verteidigen, dann könne nicht viel passieren. Der Innkanal hat tiefe, betonierte und äußerst steile Böschungen, die ohne Hilfsmittel kaum erstiegen werden können. Da diese glatten Wände zudem von Algen klitischig waren, konnten nach menschlichem Ermessen weder Menschen noch Tiere den Kanal ohne Brücke überwinden. In der Tat sind des öfteren Rehe im Kanal ertrunken, weil nicht einmal diese gewandten Tiere über die Böschungen hinaufkamen.

Nun war die Brücke in der Nacht vor der Ankunft der USA-Verbände von deutschen Pionieren zwar gesprengt worden, alle unsere Gewehre an die Ami-Sammelstellen abgeliefert, aber die Handgranaten waren immer noch im Haus. Da immerhin auf Waffenbesitz von der amerikanischen Besatzungsmacht die Todesstrafe angedroht war, mußte meine Frau diese gefährlichen

Dinger wegschaffen. Sie packte die „Eierchen" in den Kinderwagen, legte unser Söhnchen obenauf und fuhr mit diesem „Transport" in die nahen Innauen. Als sie im besten Marschieren war, bemerkte sie, daß ihr ein Ami-Soldat nachkam und sie bekam verständlicherweise nun doch Angst, ihre „Eier" unbemerkt loszuwerden. Nun half unser Joachim tatkräftig, wenn auch unwissend mit: Er lag wohl etwas unbequem auf der Unterlage aus Eisen und Dynamit und fing lauthals an zu schreien, er müsse „A,A" machen: Mit Joachim auf dem einen Arm und den Beutel mit den Eierhandgranaten in dem anderen, schlug sich die tapfere Mutti in den Brennessel-Urwald am Innufer und warf die Handgranaten in den Fluß. „Und wenn sie nicht verrostet sind, liegen sie heute noch dort." Der gute Ami hatte aber wohl wenig Lust, in die Brennessel-Wildnis einzudringen.

Ich kam wohlbehalten und in bester Laune schon im Juni 1945 nach diesem fürchterlichen Krieg nach Hause zu Frau und Söhnchen, die ihren Augen nicht trauten, als ich mit dem Radl vor dem Tor stand. Die Wiedersehensfreude war natürlich riesengroß, vor allem auch, weil ein Ami, der bei meiner Frau öfters Eier erfragt hatte, nicht müde wurde, vor unserer Wohnung im Straßengraben sitzend auf „oberbayerisch" das Lied „Geh' mach' Dei' Fensterl auf!" zu singen und meiner Frau weiß machen wollte, ich sei schon lang kaputt, die schweren Kämpfe in Holland könnte ich nicht überlebt haben.

Am nächsten Tag schon lief das Rädchen meines Lebens wieder ein Stückchen weiter: Die Amerikaner hatten bei Androhung der Todesstrafe den Besitz jeder Waffe, auch von Jagdwaffen verboten und deren Ablieferung verlangt. Nun hatte ich mehrere Jagdgewehre und auch von meinem verstorbenen Schwiegervater, der ein leidenschaftlicher Jäger gewesen war, waren Waffen im Haus. Meine Frau hatte gegen Kriegsende zwar diese Jagdgewehre auf meine Bitte hin wohlverpackt im

Garten vergraben und rote Rüben darübergepflanzt, aber meine Schwiegermutter gab nicht nach, alle Waffen abzuliefern, um nicht noch nachträglich in Lebensgefahr zu kommen. So wurden die Gewehre wieder ausgegraben und ich marschierte schweren Herzens am zweiten Tag meiner Heimkehr auf das Bürgermeisteramt und gab die Jagdwaffen ab. Die Zusicherung des dort die Waffenabgabe beaufsichtigenden Amerikaners, ich würde als Berufsjäger (der jeder Forstbeamte auch ist) meine Jagdwaffen wieder bekommen, wurde natürlich nicht eingehalten, vielmehr alle diese Waffen – oft wertvolle Stücke – unbrauchbar gemacht. In der Tat war es dann später recht schwierig, wieder gute Jagdwaffen zu erwerben.

Die so schmerzliche Abgabe der Jagdgewehre war vielleicht ein Glück: Wir hatten den beim Vormarsch der Russen aus Litauen evakuierten deutschblütigen Forstpräsidenten Bormann mit Frau bei uns aufgenommen und mit unseren Fremdenbetten und Wäsche versorgt. Ausgerechnet dieser Mann zeigte mich dann bei der Militärregierung Mühldorf an, ich wäre noch im Besitz von vergrabenen Waffen. Offenbar hatte er meine Frau beim Vergraben der Waffen heimlich beobachtet, das Wiederausgraben aber nicht gesehen oder nicht sehen wollen. Es war eine undurchsichtige Sache. Prompt erschienen vier schwerbewaffnete Amis bei uns und verlangten von mir die angeblich versteckten Gewehre, andernfalls sie mich verhaften und mitnehmen würden. Wohl hauptsächlich das gute Gewissen, tatsächlich keine Waffen mehr zu besitzen, gab uns die glaubwürdig wirkende Festigkeit in der Behauptung, keine Waffen mehr zu besitzen. Sie fuchtelten zwar noch eine Zeitlang mit ihren Colts vor unseren Gesichtern herum und drohten weiterhin mit Verhaftung, zogen aber dann doch unverrichteter Dinge wieder ab, zumal der herbeigerufene Bürgermeister bestätigt hatte, ich hätte meine Jagdgewehre abgeliefert. Die „lieben" Untermieter sind kurz danach nach Kanada ausgewandert.

Das war die erste, aber nicht die letzte Berührung von mir mit einer amerikanischen Militärregierung.
Einmal oben – einmal unten, so ging es jedenfalls. Mach's einer nach – und brech sich nicht den Hals!

# Der Fragebogen

Der vollständige militärische und innenpolitische Zusammenbruch, die weitgehenden Zerstörungen der Städte, der öffentlichen Verkehrsmittel, das Fehlen jeder Möglichkeit der eigenen motorischen Fortbewegung, der Hunger, der Verfall der RM-Währung und der damit zusammenhängende in Schwung kommende Schwarzhandel hatten nach Kriegsende alle Lebensverhältnisse verändert und bei näherem Zusehen in ein Chaos verwandelt. Jeder, der mit dem Leben davongekommen war, konnte sich zwar glücklich preisen, aber zum Weiterleben brauchte man schließlich dies und jenes.

Ich war glücklich bei meiner jungen Familie in Pürten im Landkreis Mühldorf am Inn gelandet, aber allmählich mußte ich mich wieder um eine Tätigkeit und um's Brötchenverdienen kümmern. Meine Situation konnte nach meiner Meinung nicht so ganz schlecht sein; denn ich hatte glücklicherweise in einem 1939 noch möglichen Studienurlaub meine Hochschul-Schlußprüfung in München mit „Gut" bestanden und war daraufhin am 29.12.1939 zum Forstreferendar ernannt worden. Nun war ich zwar mit der Rechtskraft meines Feldkriegsgerichts-Urteils vom 6.10.1942 gemäß DBG (Deutsches Beamtengesetz) aus dem Beamtenverhältnis ausgeschieden, da aber dieses Urteil auf Grund ausgesprochen nationalsozialistischer Sondergesetze (Gesetz gegen Wehrkraftzersetzung und Gesetz gegen heimtückische Angriffe auf den nationalsozialistischen Staat) gefällt worden war, glaubte ich nun, ohne weiteres wieder in meinen früheren Status eingesetzt zu werden, nachdem die Militärregierung derartige Gesetze mit ihrem Gesetz zur Befreiung vom Nationalsozialismus und Militarismus aufgehoben hatte.

Ich fuhr also wohlgemut, wenn auch unter erheblichen Schwierigkeiten wegen des Fehlens jeglichen öffentlichen Verkehrs, nach München und fragte mich zu der in einem Ausweichbürohaus untergebrachten Bayerischen Landesforstverwaltung durch. Die früheren, mir bekannten Amtsgebäude waren im Bombenkrieg zerstört worden.

Durch das Urteil des Feldkriegsgerichts war ich zunächst aus meiner Lebenslaufbahn als Forstmann geworfen worden und deswegen damals verständlicherweise recht niedergeschlagen, vor allem im Hinblick auf meine junge, mit so viel Optimismus gegründete Familie. Meine Frau Annemarie hatte wegen des angekommenen ersten Kindes ihr Studium an der Universität München aufgegeben und hätte es auch später nicht wieder aufnehmen können, einerseits mit Rücksicht auf das Kind, das als Acht-Monatskind sehr schwer aufzuziehen war und andererseits, weil die Universität zerbombt und ohne Lehrbetrieb stand. Da meine an sich geringen, aber die notwendigsten Lebenskosten deckenden Unterhaltsbezüge als Forstreferendar sofort mit Rechtskraft des Urteils gesperrt worden waren, bezog meine Frau einen Familienunterhalt von 64,50 RM/Monat. Glücklicherweise konnten beide bei meiner Schwiegermutter wohnen und so noch verhältnismäßig gut über die Runden kommen.

Obwohl man in der Landesforstverwaltung von meinem Schicksal natürlich Kenntnis hatte, wurde ich entgegen meiner Erwartung nicht ohne weiteres wieder als Forstreferendar eingestellt, vielmehr bedeutete man mir, ich hätte mich ja schließlich gegen den obrigkeitlichen Staat (!) gestellt und außerdem müßte ich zunächst eine Arbeitsgenehmigung der örtlichen Militärregierung in Mühldorf vorlegen. Offenbar war ich an einen „echten" Beamten geraten, der nach alter Sitte dachte: „Solche Leute wie der sind so starke Charaktere, die haben dem Hitler nicht gefolgt, die folgen uns auch nicht. Wir brauchen aber Leute, die unsere Anweisungen ohne Widerrede befolgen." Man glaubte vielleicht, weil ich die Machenschaften Hitlers und seiner Clique schon frühzeitig in etwa durchschaut hatte und mich dagegen sehr leidenschaftlich – wenn auch nur schriftlich – gestellt hatte, daß ich voraussichtlich kein bequemer Untergebener im Staatsdienst sein würde.

Mit Leuten, die alle Anweisungen widerspruchslos befolgen, kann man selbstredend am besten fuhrwerken mit dem Amtsschimmelgespann. In der Tat war ich dann auch kein anschmiegsamer Beamter, sondern habe weiterhin meine Meinung vertreten, selbst auf die Gefahr hin, mich „oben" unbeliebt zu machen. Andererseits war das Bedenken, das gegen meine Wiedereinstellung unter den nach Kriegsende doch wohl völlig veränderten politischen und staatsrechtlichen Verhältnissen angedeutet wurde, ein Beweis für die Instinktlosigkeit der damaligen Ministerialien.

In der Zwischenzeit waren – örtlich verschieden, da die Militärgouverneure offenbar sehr selbständig waren – viele Beamte wegen Parteizugehörigkeit oder wegen ihres höheren Ranges auf Befehl der Militärregierung entlassen oder in sogenannten automatischen Arrest genommen worden.

Ich fuhr also wieder nach Hause und bemühte mich bei der Militärregierung in Mühldorf um eine Arbeitsgenehmigung, die ich auch auf Grund der vorgelegten Dokumente und nach Verhör durch den CIC bekam. Bei diesem Verhör stellte ich zu meiner Überraschung fest, daß selbst dieser Geheimdienst nicht feststellen konnte, ob mein Entlassungsschein aus der Wehrmacht englischen oder amerikanischen Ursprungs war. Er war in der Tat von den Briten im Internierungslager in Ostfriesland ausgestellt worden und den amerikanischen Anordnungen entsprechend hätte ich mich noch mal in ein Gefangenenlager der Amerikaner zur speziell amerikanischen Entlassung begeben müssen.

Das tat ich vorsichtshalber nicht, man hörte da so allerhand üble Geschichten. So stellte ich mit Erfolg dumm und behauptete steif und fest, es könnten doch nur die Amerikaner gewesen sein, die mich entlassen hätten, der Entlassungsschein sei doch in „amerikanisch" abgefaßt. Mit einiger Erleichterung schied ich aus dem Büro der CIC.

Wiederum fuhr ich nach München an die Bayerische Landesforstverwaltung und erneuerte mein Ersuchen. Aber der sonst so lustig wiehernde Amtsschimmel blieb wiederum stumm und abweisend. Nun war mir eine solche Kurzsichtigkeit in die politisch doch völlig veränderten Verhältnisse doch zu dumm. Ich ging zu dem damaligen Bayerischen Finanzminister Kraus, der ein Jugendfreund meines Vaters war und bat diesen um Hilfe. Die Landesforstverwaltung war damals noch der Finanzverwaltung angegliedert. Dieser fuhr mit mir sofort zu dem Herrn Landesforstmeister A. Hoepffner und hatte mit diesem eine heftige und eindeutige Unterredung, die ich nur bruchstückweise durch die Türe hören konnte, da die beiden hohen Herren allein verhandeln wollten. Als das Gewitter sich gelegt hatte, wurde ich höchst freundlich zum Landesforstmeister gebeten, der mir meine Wiederberufung zum Beamten zusicherte. Tatsächlich bekam ich nach wenigen Tagen, am 11. Oktober 1945, die „Ernennung des vormaligen Forstreferendars Walter Blasy zum Forstassessor". Das war mehr, als ich erwartet hatte; aber schließlich hatte ich die Referendarzeit im Kriege theoretisch abgeleistet, wenn auch ohne das im Frieden sonst als Voraussetzung zum Forstassessor verlangte Große Forstliche Staatsexamen. So war die Gleichstellung mit meinen gleichalten Kollegen, die im Kriege als Soldaten Forstassessoren geworden waren, wieder hergestellt.

Nach kurzer Zeit erhielt ich aus München einen Anruf, ich sei an das Regierungsforstamt Niederbayern-Oberpfalz versetzt und ich solle mich dort in Regensburg melden. Meiner Bitte, doch in Oberbayern bleiben zu dürfen, nachdem ich von der Militärregierung die Arbeitserlaubnis am Forstamt Mühldorf erhalten hätte, konnte nicht entsprochen werden, weil in Niederbayern-Oberpfalz zu dieser Zeit im Gegensatz zu Oberbayern fast alle

Forstmeister von den Militärregierungen entlassen seien und ich dort dringend benötigt würde. Ich fuhr also, wenn auch ungern, nach Regensburg und sprach beim dortigen Regierungsdirektor, W. Mantel, vor. Dieser war erfreut, einen „zugelassenen" Mitarbeiter zu haben, erklärte mir, ich müsse sofort ein verwaistes Forstamt übernehmen und legte mir die lange Liste der niederbayerisch-oberpfälzischen Forstämter vor mit der Aufforderung, ich solle mir eines aussuchen, sie seien alle vakant. (Das hätte einem später noch mal passieren sollen!) Meine Einrede, ich sei zwar nominell Forstassessor, hätte aber keinerlei forstliche Praxis und habe ein Forstamt kaum von innen gesehen, ließ er nicht gelten, indem er sagte, die Amerikaner hätten im Forstamt X einen Schuster und im Forstamt Y einen Waldarbeiter als Amtsvorstand eingesetzt, weil diese nicht in der Partei gewesen seien und was diese könnten, könnte ich wohl auch! Nun denn, ich fuhr mit dem Finger die Liste der Forstämter entlang, von denen ich nicht eines kannte und blieb beim Namen „Ergoldsbach" hängen. Das klang so schön nach „Gold" und lag außerdem mitten im fruchtbaren Niederbayern und verhieß damit gute Ernährungsmöglichkeiten. Ich fragte: „Ergoldsbach?" Er sagte: „Haben Sie schon!"

So kam ich also als Forstassessor nach Ergoldsbach, zur „Unterstützung" des nominellen Amtsvorstandes, der in Siegenburg am dortigen Forstamt saß.

Ich möchte hier folgendes zur damaligen Ernährungssituation einschalten: Schon im Krieg wurden zur gerechteren Verteilung Lebensmittelmarken an die Bevölkerung ausgegeben, die man beim Einkaufen neben dem Preis abgeben mußte. Die Lebensmittelversorgung war so während des Krieges recht und schlecht gesichert und nach Meinung der I. Weltkriegsgeneration besser als damals. Mit dem Ende des Krieges und mit der laufenden Geldentwertung der RM wurden die Zuteilungen immer geringer, Hunger zog durch's Land, vor allem in den Städten. Jeder, der Zeit und Gelegenheit hatte, ging Hamstern. Auch meine Frau fuhr in Pürten oft weite Strecken mit dem Radl, um 1 l Milch zu ergattern oder ein Stückchen Butter. In Ergoldsbach war die Lebensmittelversorgung der Familie für mich kein Problem: Die Bauern hatten ihr Liefersoll, das sie auch leicht erfüllten, aber der gute niederbayerische Boden gab wesentlich mehr her und so konnte man unschwer in kleinen Mühlen, in denen man persönlich bekannt war, Mehl zum normalen Preis zusätzlich bekommen.

Nachdem meine forstliche Arbeit von der Militärregierung in Mallersdorf genehmigt worden war, war meine überwiegende Aufgabe, die Holzumlagen, insbesondere die Brennholzumlagen im Privatwald zu verteilen und deren Bereitstellung zu sichern. Da keine anderen Brennmaterialien zur Verfügung standen, mußten sehr große Brennholzmengen für den Bedarf sowohl der Militärregierung als auch der Bevölkerung, vor allem auch in den Städten, bereitgestellt werden. Zum Forstamt Ergoldsbach gehörten damals neben Staatswald die sogenannten Nichtstaatswaldungen in den damaligen Landkreisen Mallersdorf und Rottenburg a.d.L. Dieses Gebiet war sehr ausgedehnt und konnte ohne ein Kraftfahrzeug nicht bearbeitet werden. Da Dienstwagen in der Landesforstverwaltung nicht vorhanden waren (und bis heute nicht sind), vielmehr der Außendienst mit privateigenen Pkw's der Forstbeamten erledigt werden mußte (und muß), sprach ich bei der Militärregierung in Mallersdorf vor und verlangte einen Pkw. Der Gouverneur führte mich an's Fenster, zeigte auf den im Tal liegenden Sportplatz, der als sogenannter Motor-Pool benutzt wurde und auf dem unzählige, von den Amis beschlagnahmte Pkw's standen und sagte: „Da, such' Dir einen aus!" So einfach war das damals!

Das ließ ich mir nicht zweimal sagen und suchte mir im Motor-Pool einen fesch aussehenden grünen Adler-Junior heraus, bezahlte den Schätzwert von 1600,-- RM und hatte einen fahrbaren Untersatz. – Die Verteilung der Holzumlagen erfolgte auf Grund von Waldbesitzerlisten, die von der Landesforstverwaltung vom aufgelösten Reichsnährstand übernommen worden waren. So blieb es nicht aus, daß häufig gegen die zunächst auf Grund der forstlichen Eintragungen in den Listen errechneten Holzumlagen Beschwerde eingelegt wurde und diese Beschwerden mußten nach Überprüfung des forstlichen Tatbestandes an Ort und Stelle geregelt werden. Ich hatte in Ausübung dieser Tätigkeit sehr viel Außendienst zu leisten, lernte auf diese Weise aber die beiden Landkreise gut kennen, dabei auch viele Mühlen, Brauereien und größeren Waldbesitze, zu denen auch die Klöster und Pfarrwaldungen gehörten. Es war überhaupt keine Schwierigkeit, nach Erledigung der Waldbegänge nebenbei die für die Familie nötigen Lebensmittel zu bekommen. Und das war schon etwas! Besonders gerne bearbeitete ich den großen Klosterwald Mallersdorf, in welchem das Forstamt (wie in den meisten Körperschaftswäldern) auch die Wirtschaftsführung innehatte. Wenn ich dort im Wald gewesen war, wurde ich regelmäßig von der Ehrwürdigen Schwester Oberin zum Essen eingeladen, das zwar einfach, aber immer wohlschmeckend und sättigend war. Die Frau Oberin war übrigens eine akademisch gebildete, sehr gescheite und lebhafte Dame, mit der ich mich immer beim Essen glänzend unterhalten konnte.

Ich möchte nicht versäumen, die vielen kleinen Mühlen zu erwähnen, die damals noch arbeiteten und für die Bauern Mehl und Futtermittel mahlten, bis ihnen durch das später erlassene Mühlengesetz der Garaus gemacht wurde. Wo blieben die „klappernden Mühlen am rauschenden Bach"? Warum wurden diese Stätten unzähliger Märchen und Geschichten auf kaltem Wege, aber natürlich ganz demokratisch vernichtet? Es dürfte offenbar die Macht der Großmühlen gewesen sein, die durch ihre Lobby diese bedauerliche Entwicklung durchgesetzt haben (Motto: „Am besten nimm gleich ... Mehl!"). Ich konnte übrigens damals zahlreichen Bekannten und Kollegen aus der Großstadt und dem getreidearmen Oberland Mehl aus diesen kleinen Mühlen besorgen, wofür sie immer sehr dankbar waren.

Einer Episode zu dem Thema „Ernährung auf dem Lande" will ich noch gedenken:

Ich hatte einen kleineren Bauern ausgekundschaftet, der bereit war, ein Schwein schwarz zu schlachten und mit mir zu teilen. Nun war das Schwarzschlachten streng verboten, wenn es auch heimlich landauf, landab praktiziert wurde. In heutiger Sicht ist es beinahe unbegreiflich, daß damals ein Bauer keines von seinen Schweinen (oder anderem Vieh) für den eigenen Bedarf schlachten durfte und er im Betretungsfalle schwer bestraft wurde. Der „Betretung" wurde leider nur zu oft durch Verpfeifen durch die lieben Nachbarn nachgeholfen. Das Metzgern mußte also heimlich bei Nacht erfolgen.

Das zum Schlachten bestimmte Tierchen lag bei meiner Ankunft ganz friedlich in seiner Box, der Bauer ging mit einer schweren Axt hinein, um es mit einem Schlag vor den Kopf zu betäuben und dann abzustechen. Leider verfehlte der gute Mann die richtige Stelle, das Schwein schrie ganz mörderisch und versetzte uns damit in Angst und Schrecken. Wir gingen in die Stube und beruhigten unsere Nerven erst einmal mit einem selbstgebrannten Obstler und waren dann nach einer längeren Beruhigungspause beim zweiten Versuch erfolgreicher: Wir legten der Sau eine Kette um den Hals, schnürten mit einem Knebel die Kehle zu, damit sie keinen Laut mehr von sich gab, betäubten sie in diesem Zustand wie gehabt und der Bauer stach sie ab. Das Blut wurde natürlich sorgsam aufgefangen, um damit Blutwürste zu fabrizieren. Dann kam die Sau in die übliche Holzwanne, die normalerweise zum Brotkneten benützt wird und wurde überbrüht, dann mit heißem Fichtenharz eingerieben und rasiert.

Das Harz hatte ich in Ermangelung des sonst verwendeten Pechs vorher im Wald gesammelt. Die weitere Zerlegung, das unangenehme Waschen der Därme, die Teilung war dann nur noch Routinearbeit.

Als ich mit meinem kostbaren Schatz in dunkler Nacht im Pkw nach Hause fuhr – es waren etwa 20 km – hielt mich ein Polizeibeamter an. Mir fiel das Herz in die Hose oder noch tiefer. Ich kurbelte das Fenster runter und erwartete peinliche Durchsuchung, aber – o Wunder! – der Uniformierte, offensichtlich etwas angeheitert, fragte nur nach einem Weg. Sehr erleichtert fuhr ich heim. Nun ging die Schwerarbeit erst richtig los: Noch in der Nacht mußten die Würste gemacht, Speck geschnitten und ausgelassen, Portionsstücke zum Braten und Räuchern geteilt und das Pökelfleisch eingelegt werden, denn am Morgen, wenn unser Dienstmädchen kam (das gab es damals noch!), durfte nichts mehr zu sehen und zu riechen sein.

Solche Abenteuer bestand man damals, wenn man nicht hungern wollte.

Eine andere Methode zu demselben Zweck fiel mir wie ein vom Glück geworfener Ball in den Schoß: Damals grassierte die Hühnerpest in manchen Dörfern. Da diese Krankheit sehr ansteckend ist, mußten betroffene Bäuerinnen auf Anordnung des Amtstierarztes mindestens ein Jahr lang auf Hühnerhaltung verzichten, nachdem alle vorhandenen Hühner geschlachtet und die Ställe desinfiziert worden waren. Das war in Anbetracht des Eiermangels für die Betroffenen eine harte Sache. Einmal machte mir eine solche Bäuerin den Vorschlag, ob ich nicht ein- bis zweihundert Eintagsküken aufziehen möchte, sie würde die Küken und das ganze Futter liefern und ich könnte alle Gockel behalten, wenn sie nach einem halben Jahr die Hühnchen bekäme. Eine Scheidung der Eintagsküken in männliche und weibliche (eine japanische Erfindung) war damals noch unbekannt. Ich sagte mit Freude zu, bekam die Küken und einen sogenannten Grudeofen, der im vorhandenen Hühnerhaus im

Forstamtsgarten mit Koks-Grus gefeuert, die Kühen wärmte. Das ging gut, ich hatte bei guter Pflege kaum Verluste, aber schon nach wenigen Wochen Brathähnchen nach Belieben. Das war natürlich eine feine Sache, ich meine nicht für die Hähnchen, sondern für die Bäuerin und uns.

Einige Gockel kamen aber durch unseren jungen Dackel Bazi zu Tode, der in ihnen eine gute Gelegenheit sah, seinen Eifer auf Federwild zu zeigen. Bazi, ein langhaariger roter Dackelrüde mit gutem Stammbaum, hatte der Nikolaus für unsere Kinder aus einem Gabensack geschüttelt und damit eine große Freude in's Haus gebracht. Die Kinder spielten natürlich gerne mit dem drolligen Kerlchen und verwöhnten ihn entsprechend, bis ich ihn in Ausbildung nahm. Das erste Kapitel war, daß ich ihn angesichts eines „apportierten" Hühnchens richtig versohlte und er von diesem Tag an zahmes und wildes Federvieh zu unterscheiden lernte.

Wir wohnten damals recht beengt in zwei Zimmern und einer aus dem früheren Aktenraum bestehenden notdürftig kleinen Küche. Gebadet haben wir damals noch nach der aus der Kindheit bekannten Art in einem Holz-Waschschaff, in dem das Badewasser erhitzt und dann in's Waschschaff geschöpft werden mußte. Das war im Sommer ganz lustig, im Winter weniger, weil man über den kalten Hof gehen mußte.

In demselben Waschkessel brauten wir auch einmal nach entsprechender gründlicher Reinigung aus Zuckerrüben Syrup zum Brotaufstrich und Backen, Zucker war Mangelware. Das Eindicken der Brühe bedurfte aber soviel Zeit und Brennmaterial, daß wir diesen self-made-Syrup kein zweites Mal mehr fabrizierten.

So verlief unser Leben auf dem Lande anschaulich und gut, bis dann der Blitzstrahl der Entlassung durch die Militärregierung Mallersdorf kam, die mir auferlegte, meine national-sozialistische Unschuld mittels Fragebogen nachzuweisen, ehe ich eine neuerliche Berufserlaubnis bekäme. In der Zwischenzeit war nämlich vom Military Government of Germany ein Gesetz zur Befreiung vom Nationalsozialismus und Militarismus erlassen und zur Überprüfung der Bevölkerung ein Fragebogen mit 116 Einzelfragen ausgegeben worden, der an die zuständige Spruchkammer beim Landratsamt einzureichen war. Der Vorspann für die Liste etwaiger Mitgliedschaften ist immerhin wert, dem Vergessen entrissen zu werden. Er lautete (in deutscher Fassung, wobei die englische Fassung maßgebend sein sollte):

„WARNUNG: Vor Beantwortung ist der gesamte Fragebogen sorgfältig durchzulesen. In Zweifelsfällen ist die englische Fassung maßgebend. Die Antworten müssen mit der Schreibmaschine oder in klaren Blockbuchstaben geschrieben werden. Jede Frage ist genau und gewissenhaft zu beantworten und keine Frage darf unbeantwortet gelassen werden. Das Wort „ja" oder „nein" ist an der jeweilig vorgesehenen Stelle unbedingt einzusetzen. Falls die Frage durch „Ja" oder „Nein" nicht zu beantworten ist, so ist eine entsprechende Antwort, wie z.B. „keine" oder „nicht betreffend" zu geben. In Ermangelung von ausreichendem Platz in dem Fragebogen können Bogen angeheftet werden. Auslassungen sowie falsche oder unvollständige Angaben stellen Vergehen gegen die Verordnung der Militärregierung dar und werden dementsprechend geahndet."

Die durch die Militärregierung mittels Fragebogen (obwohl der ganze Fragebogen zweisprachig ist und lt. Präambel die englische Fassung in Zweifelsfällen maßgebend sein soll, ist ein englisches Wort für den Titel „Fragebogen" erstaunlicherweise nicht eingesetzt!) erzwungene Gewissensforschung erinnert mich an eine Gewissensforschung in meiner Jugendzeit: Ich bin von meinen gläubigen Eltern in katholischem Glauben erzogen worden und es ist bekanntlich ein Kirchengebot, mindestens einmal im Jahr, und zwar zur österlichen Zeit, zu den Sakramenten der Buße (Beichte) und Kommunion zu gehen. Um die Erfüllung dieser Pflicht zu kontrollieren, kam der zuständige Pfarrer in der Nachosterzeit in die Familie, um die Beichtzettel zu sammeln, die der „Büßer" bei der Beichte im Beichtstuhl erhalten hatte. Nun war zwar zur Erleichterung der Gewissenserforschung im Gebetbuch eine an den 10 Geboten ausgerichtete lange Reihe von Sünden aufgeführt, aber für uns Lausbuben von 12/13 Jahren waren da wenig Tatbestände „betreffend" (um beim Wortlaut des amerikanischen Fragebogens zu bleiben), so daß es gar nicht so leicht fiel, ein glaubwürdiges Sündenregister zu finden und aufzusagen. Man mußte sich schließlich vorher entsprechender Sünden schuldig gemacht haben, um solche dann beichten zu können. Einmal aber hatte ich ein schweres Verbrechen auf dem Herzen: Als richtiger Lausbub war ich mit einem Schulfreund an einen Bach geradelt, um Krebse zu fangen. Wir fanden zwar einige, aber sie waren zu klein, um sinnvoll mitgenommen zu werden und wir waren darüber recht enttäuscht. Auf einmal kamen ein paar schöne weiße Hausenten den Bauch heruntergeschwommen und spontan beschlossen wir, uns an diesen für die Mißernte in Krebsen schadlos zu halten. Wir fingen also so ein liebes Federvieh und murksten es mit dem natürlich immer mitgeführten Taschenmesser ab. Nach der Tat kamen mir doch schwere Bedenken und ich war erleichtert, als mein Schulfreund erklärte, er wolle und können die Ente mit nach Hause nehmen; dies wäre mir nämlich gänzlich unmöglich gewesen.

Dieser Tatbestand eignete sich natürlich sehr gut zum Beichten und ich tat dies auch, echt zerknirscht. Der Kaplan im Beichtstuhl sprach mich von dieser „Todsünde" frei, hatte aber vorher ein leises Lachen nicht ganz unterdrücken können, was mein Herz zusätzlich erleichterte.

Hauptsache, ich hatte meinen Beichtzettel. Auf dem Lande

erhielten damals die einsammelnden Geistlichen gewohnheitsgerecht je Kopf ein Ei.

Nun lag also der Fragebogen mit seinen 116 Fragen vor mir und sollte vollständig und gewissenhaft genau ausgefüllt werden. Das war wohl eine Gewissenserforschung besonderer Art.

Bekanntlich war mit Beginn der Machtergreifung durch Hitler schon zur Ableistung des Abiturs und erst recht vor Aufnahme in den Staatsdienst neben der „arischen" Abstammung, die „nationale Zuverlässigkeit" nachzuweisen, die ihrerseits eine Mitgliedschaft in der NSDAP und einer ihrer Organisationen erzwang. Wie schon beschrieben, war ich aus diesem Grund 1934 in den NSKK (Nationalsozialistisches Kraftfahrkorps) eingetreten und mein Vater hatte mich vorsorglich schon bei Aufnahme des Forststudiums am 1.5.1937 zur Partei angemeldet und sogar für mich den Mitgliedsbeitrag von 1,-- RM/Monat bezahlt (Frage 41). In der Deutschen Studentenschaft war man als Student automatisch (Frage 66), im NSSTB (Nationalsozialistischer Studentenbund) ebenfalls notgedrungen (Frage 47).

Aber wie sollte man die Frage 29 beantworten, die da lautete:

„Chronologische Aufzählung jeglicher Hauptanstellungen und des Militärdienstes. 29. Geben Sie in zeitlicher Folge eine Aufzählung Ihrer Beschäftigung und Ihres Militärdienstes seit dem 1. Januar 1931 an, mit Begründung für alle Beförderungen oder Degradierungen, Versetzungen, Arbeitslosigkeit, Besuch von Bildungsanstalten oder Ausbildungsschulen und Volldienst in militärähnlichen Organisationen. Benutzen Sie eine gesonderte Zeile für jeden Wechsel in Stellung und Rang etc. etc."?

Meine militärische „Karriere" war so vielseitig und letztlich wegen der Degradierung durch das Feldkriegsgericht so verwirrend, zudem die Einsatzorte und -zeiten während des Krieges als Fliegendes Personal so umfangreich, daß ich für eine „genaue und gewissenhafte Beantwortung" dieser Frage hätte ein Buch schreiben müssen, wie dies E. v. Salomon mit seinem Buch „Der Fragebogen" so großartig gemacht hat.

Ich beantwortete diese Frage 29 in Spalte 6 ganz einfach mit dem einen Wort „Soldat" und es ist auch keine Rückfrage mehr in dieser Sache erfolgt.

Ähnlich „genau" beantwortete ich auch viele andere Fragen und war mir ziemlich sicher, daß angesichts der Berge von Papier kein Mensch alle die Antworten auf diese überspitzten Fragen je werde überprüfen können. Es würde mich heute noch interessieren, was mit diesen Mengen von Fragebogen letztlich geschehen ist. Sollten sie nicht als Altpapier eingestampft worden sein, so wäre allein eine statistische Auswertung für manche Frage nach dem Mysterium des 3. Reiches aufschlußreich.

Für mich war die Zuständigkeit der Spruchkammer in Mallersdorf gegeben. Obwohl ich wegen meiner politischen Vergangenheit keine Sorgen auf eine „Belastung" hatte, so zog sich doch angesichts der Berge von Fragebogen, die sich zwangsläufig bei den Spruchkammern ansammelten, das Verfahren sehr in die Länge. Andere Kollegen in derselben Lage umgingen das Berufsverbot dadurch, daß sie ihre bisherige Beamtenarbeit weiterhin ausübten, aber nur in der zulässigen „einfachen Arbeit" als Waldarbeiter listenmäßig geführt und auch bezahlt wurden: je Stunde m.W. mit 0,55 RM. Ich habe das für mich nicht akzeptiert und sagte mir: „Wenn ich schon die Arbeit eines Forstassessors leiste, will ich auch als solcher bezahlt werden" und überlegte, mit welcher anderen Arbeit ich die nötigen Moneten verdienen könnte.

Ich dachte zunächst an eine unternehmerische Bodennutzung, etwa an eine Hühnerfarm oder Arzneimittel- und Gewürzkräuterzucht. Um mir hier Rat zu holen, fuhr ich zu einem entfernten Verwandten bei München, der studierter und sehr erfolgreicher Landwirt war. Dieser empfahl, mich an eine Studienkollegin von ihm zu wenden, die nicht nur ihren Dr. „in

Hühnerzucht" gemacht, sondern auch selbst eine florierende Hühnerzucht aus dem Nichts aufgebaut hatte. Offensichtlich war sie die richtige Informationsquelle.

Die junge Frau wohnte in Waging am See, ein See, den ich schon lange auf meinem – nicht mehr verwirklichten – Ferienprogramm stehen hatte und umso lieber fuhr ich mit meinem Sachsmoped auf der leeren Autobahn nach Waging. Die attraktive Geflügelzucht-Inhaberin zeigte mir alles ganz genau, sie kaufte jeweils 200 Eintagsküken (die ausnahmsweise nicht „bewirtschaftet" waren, also ohne Bezugsscheine erworben werden konnten) und zog sie in kleinen Hühnerhäusern auf. Sobald sie die ersten schlachtreifen Gockel hatte, also nach etwa 6-8 Wochen, war sie schon ein gemachter Mann bzw. eine gemachte Frau; denn für Gockel – damals noch eine Delikatesse in Deutschland, vor dem Hähnchen-Jahn, der amerikanischen Hähnchenschwemme und der Hennen-Batterie-Haltung – bekam man alles, auch natürlich das notwendige Aufzuchtfutter. Sie sagte mir auch, wieviel Futter die Küken bräuchten, wie groß die Aufzuchtställe sein müßten und wieviele Quadratmeter Auslauf je Küken nötig wären, damit sie gesund und schnell aufwachsen könnten; sie selbst hatte nämlich bei ihrem Vaterhaus einen großen Obstwiesengarten zu diesem Zweck. Bei dieser Gelegenheit fragte sie mich, ob ich denn auch das nötige Grundstück habe. Ich mußte das leider verneinen. Nach einer kleinen Verlegenheitspause sagte sie: „Sie sind doch aus Ergoldsbach?" Ich: „Ja, warum?" Sie: „Dort gibt es doch eine große Dachziegelfabrik?" Ich: „Ja, warum?" Sie: „Können Sie von dort Dachziegel besorgen?" Dabei nahm sie mich beim Arm, zeigte über den See auf den Mühlberg und sagte: „Dieser Bauer dort, der Mesner-Bauer, gibt demjenigen zwei Tagwerk Grund, der ihm 6000 Dachziegel besorgen kann!" Der gute Mesner-Bauer namens Hofmann hatte nämlich eine neue, große Scheune gebaut. Die Steine, die um den Waginger See seit langem als sogenannte Tuff-Steine aus dem Boden gegraben werden und das Bauholz aus seinem eigenen Wald, also das so kostbare Baumaterial hatte er, ohne die Behörden bemühen zu müssen, selbst besorgt – aber nun stand die neue Scheune herrlich dort mit Dachstuhl und allem Notwendigen – nur das Dach fehlte und dabei lag das Heu fertig auf den Wiesen!

Das Angebot reizte, ja elektrisierte mich geradezu. So schnell ich konnte, fuhr ich auf den damals miserablen und mit Schlaglöchern übersäten Straßen heim nach Ergoldsbach und ging am nächsten Tag zu dem mir bekannten Direktor der Dachziegelwerke. Auf meine vorsichtige Frage, ob er mir u.U. 6000 Dachziegel ohne Bezugsschein abgeben könnte (ich dachte an eine etwaige zweite Wahl oder leicht beschädigte Ziegel) meinte er, dies könne er nicht machen, aber 12000 halbe Ziegel könne er mir frei verkaufen; denn diese seien nicht bewirtschaftet. Offenbar war es von den Bezugsschein-Strategen übersehen worden, daß es auch halbe Dachziegel gibt oder sie haben diese nicht bewirtschaften wollen, weil man normalerweise nur in jeder zweiten Ziegelreihe am Ende einen halben Ziegel braucht, um die Traufe geradlinig zu bekommen und die automatisch nur geringe Zahl der benötigten halben eine Bewirtschaftung nicht lohnte. (Dies gilt natürlich nur für Ziegel, die auf Luke gelegt werden wie Biberschwänze, nicht für die heute allgemein üblichen Falzziegel.) Die Bezugsschein-Künstler haben aber offenbar nicht gewußt, wie diese „halben" hergestellt werden: sie laufen nämlich als „ganze" durch die Pressen, nur an einer Maschine ritzt an der Unterseite ein Dorn eine Rille ein und wenn man „halbe" braucht, klopft man den geritzten „ganzen" auf eine Kante, so daß er sauber in der Mitte auseinanderbricht und, wenn man das nicht tut, hat man statt zwei „halben" einen „ganzen". Ein einfaches Rechenexempel. Das Geschäft war bald gemacht.

Die Hauptschwierigkeit war nun, die Ziegel nach Waging zu bringen: Keine Bahn fuhr, kein Fuhrunternehmer hatte einsatzfähige Fahrzeuge! Nach langem Suchen fand ich einen

„Fahrwilligen", der einen uralten Lkw mit Holzgasbetrieb hatte. Wir verluden die Ziegel und machten uns auf den Weg. Wohlweislich fuhr ich mit, die Ziegel wären sonst wohl kaum am Ziel angekommen. Für die Strecke von etwa 100 km benötigten wir drei Tage: Die mir aus der letzten Kriegszeit wohlbekannten Holzgaser-Pannen traten pünktlich auf, der Mangel an trockenem Holz in den notwendigen Schnitzgrößen, die beliebten Hohlbrenner und Reifenpannen. Letztere waren die schlimmsten Aufenthalte, weil die uralten Reifen von uns mühsam montiert und geflickt werden mußten. Neue Reifen oder Ersatzreifen waren „UFO" – unbekannte Fahrobjekte. Trotz allem kamen wir glücklich an, die Hofmanns hielten Wort und verbrieften mir zwei Tagwerk (6600 qm) Grund in herrlicher Lage auf dem Mühlberg oberhalb des Waginger Sees mit Blick auf diesen. Als beim Notar der Preis von 2.000,-- RM eingetragen wurde und der nunmehrige Nachbar Hofmann angab: „Der Preis ist schon bezahlt!" fühlte ich mich wie ein König.

Nun war ich also Grundbesitzer! Ein Traum meines Lebens war in Erfüllung gegangen – dank des Fragebogens. Ich ging auf das Grundstück, das als Acker bewirtschaftet war, legte mich der Länge lang darauf und aß – ich schäme mich nicht, dies zu schildern – ein kleines Stück Erde. So ergriff ich Besitz von meinem Land. Heute steht auf unserem Waginger Grundstück das viel später erbaute Ferienhaus „Großwinzigstein".

Trotz dieses wie ein Märchen klingenden Grundstückserwerbs wurde aus der ursprünglich geplanten Hühnerzucht nichts, weil wir unterdessen eine andere Idee verwirklichten: Schon als Student war ich von dem mir gut bekannten Maler J. Bergmann bei München auf einen originellen Bauernmaler in Murnau aufmerksam gemacht worden, der nach uralter Manier und generationenlang vererbten Vorlagen Hinterglasbilder „machte", wie der Ausdruck dieser bäuerlichen Maler lautete. Der Staffelsee war in der Hochzeit der Hinterglasmalerei eines der Zentren dieser Volkskunst gewesen und Heinrich Rambold war wohl der letzte aus dieser Gilde. Ich hatte schon vor dem Kriege von Rambold einige Bilder (Stück 5 RM) gekauft, die in ihrer starken Farbigkeit und zeichnerischen Originalität eine Zierde unserer Bauernstube waren und heute noch sind.

Nun meinte ich damals einmal zu meiner Frau, es könne doch nicht so schwer sein, solche in den Konturen ja primitiven Bilder zu malen. „Dann probier's halt einmal!" war ihre Antwort. So fing ich zu malen an, kam aber nicht zurecht, weil mir die Glasmal-Technik nicht bekannt war. Damals gab es noch keine Hinterglasmal-Kurse wie heute in der Volkshochschule in jedem zweiten Ort.

Ich fuhr also mit meinem Sachs-Schnauferl nach Murnau und fragte mich zu Rambold durch. Rambold war damals schon alt und hatte eine große Freude, daß sich ein junger Mensch für seine Kunst interessierte. Die Werkstatt Rambolds, die zugleich seine Junggesellenwohnung war, also nur aus einem, wenn auch großen Raum bestand, war sehenswert: An der Fensterfront war auf der ganzen Länge des Raumes von etwa 7 m ein langer Arbeitstisch, auf dem alles notwendige Material und Werkzeug lag. Quer durch den Raum teilten vier gemalte Bauernschränke das Zimmer in zwei Hälften, jedoch standen die Schränke mit der Rückseite zur Werkstatt und damit auch zu der eintretenden „Kundschaft". In dieser abgeteilten Wohnhälfte stand ein ebenfalls bemaltes Bauern-Himmelbett, dessen Laken und Oberbett im Laufe wahrscheinlich vieler Jahre eine undefinierbare, mitteldunkle Farbe angenommen hatten. Er war eben ein echter Junggeselle.

Rambold zeigte mir alles, die Technik, die Materialien und einen Stoß von Rissen (Vorlagen), die er geerbt oder gesammelt hatte.

Etwa um 8 Uhr kam eine junge Bäuerin in die Werkstatt und bestellte für ihre „God" (Patenkind) eine Heilige Genofeva. „Feverl" hieß wohl das liebe Kind. Er: „Ja, kannst schon haben!" Sie: „Die Tafel muß aber bis zum Zwölfeläuten fertig sein! Da ist der Markt aus und dann muß ich wieder heim mit dem Radl!" Er: „Dann kommst halt um Zwölfe!" Sie ab. Ich saß in der Werkstatt und hatte diese Unterhaltung angehört und war nun sehr neugierig, wie Rambold bis Mittag die Tafel fertigbringen würde. Zunächst suchte er in seinen Rissen eine Heilige Genofeva, fand aber keine, so viele Vorlagen er auch hatte. Da sagte er zu mir: „Ach was, da nehmen wir einfach eine andere und schreiben 'Heilige Genofeva' drunter!" Gesagt, getan. Er malte nun mit einem ziemlich groben Pinsel und schwarzer Wasserfarbe die Konturen der umgetauften Heiligen und den Namen der gewünschten Namenspatronin (diesen natürlich in Spiegelschrift, die er beherrschte wie die richtige) auf eine Glasscheibe alter, mundgeblasener Art und legte das Bild in die Nähe des Ofens. Er hatte sehr schnell gemalt, mit Schwung und aus dem Handgelenk und sicher nicht länger als eine halbe Stunde gebraucht.

In der Zwischenzeit mischte er die Farben an aus staubartigen Erd-Trockenfarben, Topfenkäse und Kalkbrühe, er machte alles selbst, wie die alten Kunstmaler im Mittelalter. Als die Farben parat waren, war auch die Kontur trocken und nun malte er die Farben flächenweise ein (die Schattierungen wurden durch Konturstriche erreicht) und das Kunstwerk war fertig. Die Kaseinfarben trocknen sehr rasch, kurz vor 12 Uhr legte er die Scheibe in einen schon vorhandenen einfachen Holzrahmen ein und klebte hinten eine Pappe auf. Als die Bäuerin eintrat, war die Heilige Genofeva fertig. Sie: „Was bin ich schuldig?" Er: „25 Mark!" Sie zahlte und ging. Da dachte ich mir: „Walter, das ist der ideale Beruf für dich!"

Beim Abschied gab mir Rambold noch eine Reihe von Rissen mit und ich fuhr befriedigt wieder heim. Ich habe Rambold nie wieder gesehen. Kurz nach der Währungsreform wurde er auf üble Art um's Leben gebracht: Man kündigte ihm das Zimmer, verfrachtete ihn gewaltsam in ein Altersheim und nach drei Tagen war er tot. – Fortan waren wir die Firma „Annemarie und Walter Blasy, Hinterglasmalerei, Ergoldsbach". Mit Feuereifer ging es nun an's Malen. Wir machten ganz hübsche Tafeln nach alten Rissen und neuen Entwürfen, konnten sie auch ganz gut, meist über Buchhandlungen oder Kunstgewerbeläden verkaufen, stellten sogar einmal beim Christkindlmarkt der Freunde der Residenz in München im Innenhof der Residenz einen eigenen Stand zusammen und fühlten uns wohl in unserer unabhängigen Haut.

Eines Tages ging die Tür auf, ein etwas klein geratener Herr trat ein und sagte: „Ich habe in München bei der Vereinigung Bildender Künstler Hinterglasbilder von Ihnen gesehen und ich möchte die dort als Muster hinterlegte Jagdserie haben!" Ich: „Können Sie schon haben!" Er: „Ich bräuchte aber mehr davon!" Ich: „Ja, wie viele wollen Sie denn?" Er: „Vielleicht 30.000?" Mir blieb der Mund offen und vermutlich habe ich nicht sehr geistreich dreingeschaut. Ich erklärte ihm, daß er wohl nicht wisse, daß Hinterglasbilder Stück für Stück mit der Hand sorgsam gemalt würden und keine Massenware seien. Nach einigem Handel kamen wir überein, daß wir erst einmal ausprobieren müßten, wie viele Jagdserien wir schaffen könnten und wir dann kistenweise die Bilder nach München an die „Bayerische Volkskunst" schicken würden. In der Tat waren wir beim „Landesverband Bildender Künstler" in München Mitglied und hatten uns dort vor allem deswegen eintragen lassen, weil man gelegentlich Material-Zuteilungen, wie ein paar Pinsel oder Quadratmeter Fensterglas bekam. Man kann es sich heute kaum mehr vorstellen, daß es damals bis zur Währungsreform auch selbstverständliche Dinge einfach nicht zu kaufen gab.

Nach einiger Zeit heftiger Produktion, an der meine Frau Annemarie maßgeblich beteiligt war, stellten wir drei Flüchtlingsmädchen als Malgehilfinnen ein, lernten sie an und korrigierten Fehler, beschafften die notwendigen Materialien, insbesondere die Rahmen und kamen so in eine Produktionsphase hinein, die zwar weniger künstlerisch, aber recht einträglich war.

Das ging eine ganze Zeit gut. Dann kam der Spruchkammer-Bescheid „Nicht belastet" (wie schon von mir erwartet!), den ich meinem Regierungsforstamt in Regensburg vorlegte mit dem Antrag, wieder als Forstbeamter in meiner früheren Stellung tätig sein zu können und mit dem Zusatz, daß die Wiedereinstellung noch um einige Wochen verschoben werden möge, weil noch laufende Geschäfte abzuwickeln wären. In der Tat überlegte ich, ob ich lieber weiter in der freien Wirtschaft bleiben oder wieder an die Staatskrippe mit seinen vielen Amtsschimmeln zurückkehren solle. Wenn nicht der Forstberuf so schön, so naturverbunden und so vielseitig, auch verhältnismäßig freizügig wäre, hätte ich wohl auf eine Wiedereinstellung als Beamter verzichtet.

Mit der Aufgabe der Hinterglasmalerei-Werkstätte und dem Abschluß der Entnazifizierung und folgenden Weiterarbeit als Forstassessor war eigentlich erst der Krieg mit seinen Folgen endgültig vorbei und es begann meine echte Lebensaufgabe als Forstmann. Aber das ist ein weites Feld und eine eigene Geschichte.